UNLOCK!

FLUCHT AUS DEN KATAKOMBEN

FABIEN CLAVEL

Aus dem Französischen von
Annette von der Weppen

Unser Versprechen für mehr Nachhaltigkeit
- Klimaneutrales Produkt
- Papiere aus nachhaltigen und kontrollierten Quellen
- Hergestellt in Europa

CARLSEN-Newsletter: Tolle neue Lesetipps kostenlos per E-Mail!
Unsere Bücher gibt es überall im Buchhandel und auf carlsen.de.

Deutsche Erstausgabe
Veröffentlicht im Carlsen Verlag
Oktober 2021

Umschlaggestaltung: formlabor
Aus dem Französischen von Annette von der Weppen
Lektorat: Stefanie Liske
Satz: Pinkuin Satz und Datentechnik, Berlin
Herstellung: Karen Kollmetz
ISBN 978-3-551-32031-5

Für Samuel, *Ludi Magister*

Für Anna

Für Léna

Anleitung

In **UNLOCK! – Flucht aus den Katakomben** musst du die richtigen Entscheidungen treffen und immer wieder Aufgaben lösen, um in der Geschichte voranzukommen.

Etappen

Die Kapitel dieses Abenteuers werden Etappen genannt. Die Nummer der Etappe steht immer oben auf der Seite. Viele Etappen sind nur eine Seite lang, manche gehen über mehrere Seiten.

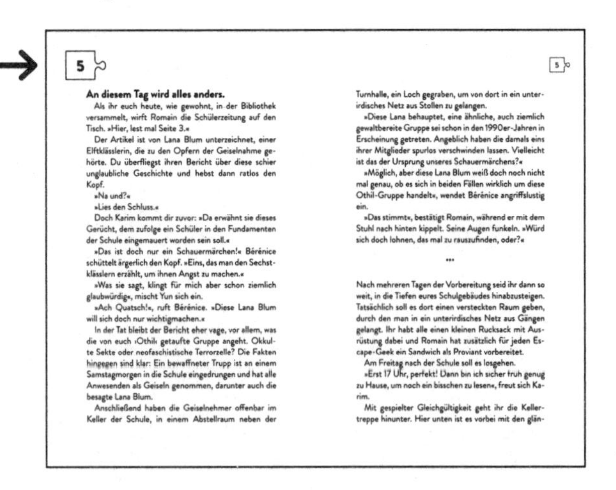

5

An diesem Tag wird alles anders.

Als ihr euch heute, wie gewohnt, in der Bibliothek versammelt, wirft Romain die Schülerzeitung auf den Tisch. »Hier, lest mal Seite 3.«

Der Artikel ist von Lana Blum unterzeichnet, einer Elftklässlerin, die zu den Opfern der Geiselnahme gehörte. Du überfliegst ihren Bericht über diese schier unglaubliche Geschichte und hebst dann ratlos den Kopf.

»Na und?«

»Lies den Schluss.«

Doch Karim kommt dir zuvor: »Da erwähnt sie dieses Gerücht, dem zufolge ein Schüler in den Fundamenten der Schule eingemauert worden sein soll.«

»Das ist doch nur ein Schauermärchen!« Bérénice schüttelt ärgerlich den Kopf. »Eins, das man den Sechstklässlern erzählt, um ihnen Angst zu machen.«

»Was sie sagt, klingt für mich aber schon ziemlich glaubwürdig«, mischt Yun sich ein.

»Ach Quatsch!«, ruft Bérénice. »Diese Lana Blum will sich doch nur wichtigmachen.«

In der Tat bleibt der Bericht eher vage, vor allem, was die von euch ›Othil‹ getaufte Gruppe angeht. Okkulte Sekte oder neofaschistische Terrorzelle? Die Fakten hingegen sind klar: Ein bewaffneter Trupp ist an einem Samstagmorgen in die Schule eingedrungen und hat alle Anwesenden als Geiseln genommen, darunter auch die besagte Lana Blum.

Anschließend haben die Geiselnehmer offenbar im Keller der Schule, in einem Abstellraum neben der

5

Turnhalle, ein Loch gegraben, um von dort in ein unterirdisches Netz aus Stollen zu gelangen.

»Diese Lana behauptet, eine ähnliche, auch ziemlich gewaltbereite Gruppe sei schon in den 1990er-Jahren in Erscheinung getreten. Angeblich haben die damals eins ihrer Mitglieder spurlos verschwinden lassen. Vielleicht ist das der Ursprung unseres Schauermärchens?«

»Möglich, aber diese Lana Blum weiß doch noch nicht mal genau, ob es sich in beiden Fällen wirklich um diese Othil-Gruppe handelt«, wendet Bérénice angriffslustig ein.

»Das stimmt«, bestätigt Romain, während er mit dem Stuhl nach hinten kippelt. Seine Augen funkeln. »Würd sich doch lohnen, das mal zu rauszufinden, oder?«

***

Nach mehreren Tagen der Vorbereitung seid ihr dann so weit, in die Tiefen eures Schulgebäudes hinabzusteigen. Tatsächlich soll es dort einen versteckten Raum geben, durch den man in ein unterirdisches Netz aus Gängen gelangt. Ihr habt alle einen kleinen Rucksack mit Ausrüstung dabei und Romain hat zusätzlich für jeden Escape-Geek ein Sandwich als Proviant vorbereitet.

Am Freitag nach der Schule soll es losgehen.

»Erst 17 Uhr, perfekt! Dann bin ich sicher früh genug zu Hause, um noch ein bisschen zu lesen«, freut sich Karim.

Mit gespielter Gleichgültigkeit geht ihr die Kellertreppe hinunter. Hier unten ist es vorbei mit den glän-

Etappen mit diesem Symbol ? können mit unterschiedlichen Personen, Aktionen oder Gegenständen kombiniert werden. Dazu nimmt man die Etappennummer und zählt den Wert der verwendeten Person, Aktion oder des Gegenstands hinzu. Manchmal muss man sogar mehrere Personen, Aktionen oder Gegenstände hinzufügen.

Beispiel:

In Etappe 5 hast du die Möglichkeit, verschiedene Gegenstände aus deinem Inventar einzusetzen. Der Schraubenzieher zählt immer + 7.

Entscheidest du dich am Ende von Etappe 5, den Schraubenzieher zu verwenden, musst du die Nummer der Etappe (5) plus die Nummer des Schraubenziehers (7) rechnen, also 5 + 7 = 12.

Du schlägst die Seite mit der 12 auf und erfährst dort beim Lesen, ob deine Entscheidung richtig war!

Verwendest du den Schraubenzieher, rechne 5 +7 *und gehe zu Etappe 12.*

Die Etappen mit ? können nicht kombiniert werden. In diesem Fall wird dir unten auf der Seite im grauen Dreieck angezeigt, welche Etappe als nächste folgt.

Beispiel:

Hier sollst du dich zu Etappe 20 begeben.

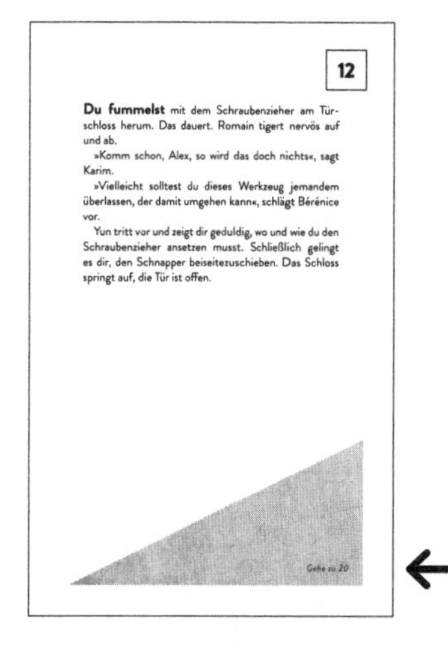

12

Du fummelst mit dem Schraubenzieher am Türschloss herum. Das dauert. Romain tigert nervös auf und ab.

»Komm schon, Alex, so wird das doch nichts«, sagt Karim.

»Vielleicht solltest du dieses Werkzeug jemandem überlassen, der damit umgehen kann«, schlägt Bérénice vor.

Yun tritt vor und zeigt dir geduldig, wo und wie du den Schraubenzieher ansetzen musst. Schließlich gelingt es dir, den Schnapper beiseitezuschieben. Das Schloss springt auf, die Tür ist offen.

Gehe zu 20

Personen

Bei diesem Abenteuer stehen dir vier Freunde zur Seite. Sie sollen dich unterstützen und dir bei den Rätselaufgaben in den ? –Etappen Hinweise geben:

Bérénice: +1

Karim: +2

Romain: +3

Yun: +4

Aktionen

In manchen Situationen musst du dich entscheiden, ob du vorsichtig, aber auch langsam handeln willst, oder lieber schnell, aber dafür unvorsichtig:

Vorsichtig handeln: +5

Schnell handeln: +6

Gegenstände

Während deiner Mission stehen dir verschiedene Hilfsmittel zur Verfügung, um dich aus gefährlichen Situationen zu befreien. Das sind:

Ein Schraubenzieher: +7

Ein Sandwich: +8

Eine Taschenlampe: +9

Ein Klettergurt: +14

Auf der hinteren Buchklappe findest du eine Übersicht der verfügbaren Personen, Aktionen und Gegenstände mit ihrem jeweiligen Zählwert – dort kannst du jederzeit nachschauen.

Gut zu wissen:

- Gelingt es dir nicht gleich beim ersten Anlauf, dich aus den Katakomben zu befreien, bekommst du am Ende der Etappe die Information, dass dein Abenteuer zu Ende ist.
- Hast du dich bei der Lösung einer Aufgabe geirrt oder ist deine Mission gescheitert, gehe einfach einen Schritt zurück oder fang noch mal von vorne an.

Prolog

Einige Monate zuvor …

Alles begann an dem Tag, als du zum ersten Mal die Gustave-Caillebotte-Oberschule in Paris betreten hast.

Es hat nicht lange gedauert, bis du gemerkt hast, dass es hier irgendwie anders war. Alles schien sich gegen deine neue Schule verschworen zu haben: Es gab merkwürdige Vorkommnisse, eine rätselhafte Explosion im Chemiesaal, Gerüchte über einen Schüler, der im Fundament der Schule eingemauert worden war … Man munkelte sogar von einer Geiselnahme, die hier kürzlich stattgefunden haben soll, auch wenn die Schulleitung jeden Kommentar verweigerte …

Von Natur aus neugierig hast du die Augen offen gehalten und schon bald die geheimnisvollen Schriftzeichen entdeckt, die überall auf dem Schulgelände auftauchten: an den Wänden, auf den Tischen, auf den Dielen, an den Sockeln der Standbilder, an den Bäumen im Hof …

Ein Zeichen kam besonders häufig vor: Ͻ. Für dich sah das sehr nach einer Rune aus, aber du warst dir nicht sicher. Und weil dein Handy tagsüber immer in einem Schließfach der Sicherheitsfirma ›Salvus‹ liegt, hast du kurz entschlossen deine nächste Freistunde für einen Besuch in der Schulbibliothek genutzt.

Das war an einem Freitag.

Im Verzeichnis der Bibliothek gab es nur ein Buch, dessen Titel dir interessant erschien: *Das Geheimnis der Runen*.

Doch im Regal war es nirgends zu finden.

Auf deine Nachfrage hin hat dir die Bibliothekarin erklärt, dieses Buch sei gerade ausgeliehen, und auf einen etwas abseits gelegenen Tisch gezeigt, der von vier Schülern umringt wurde: zwei Jungen und zwei Mädchen, alle in unterschiedlichem Alter und auch sonst sehr verschieden. Du hast all deinen Mut zusammengenommen und bist auf sie zugegangen.

»Was suchst du hier?«, hat ein Mädchen mit kurz geschorenen Haaren dich angeblafft.

Aber du hast nur ganz ruhig erwidert: »Dasselbe Buch wie ihr.«

Ein kräftig gebauter Junge hat dich misstrauisch durch seine Brillengläser gemustert.

»Und warum?«

Du hast mit den Schultern gezuckt.

»Weil ich, wie ihr vermutlich auch, wissen möchte, was diese Runenzeichen zu bedeuten haben, die man überall in der Schule sieht. Und ob sie mit den Unglücksfällen in Verbindung stehen, die hier in letzter Zeit passieren.«

Der Junge hat genickt. »Wir sind offenbar nicht die Einzigen, die das verdächtig finden ...«

Die Gruppe hat sich sichtlich entspannt. Das zweite, etwas rundliche und stets lächelnde Mädchen hat auf das Buch gezeigt und gesagt:

»Da drin werden wir jedenfalls keine Antworten finden. Das ist nur ein Fantasy-Roman von einem gewissen Moorcock.«

Der andere Junge, ein großer, schlaksiger Typ, dem

die Haare bis in die Augen hingen, hat nach dem Buch gegriffen, ein bisschen darin geblättert und wie nebenbei erklärt:

»Das Symbol, das man am häufigsten sieht, ist die Othil-Rune. Soweit ich weiß, war sie während des Zweiten Weltkriegs ein Symbol der Nazis. Und manche Splittergruppen von Neonazis verwenden sie noch heute, auch wenn das inzwischen verboten ist. Wir nehmen an, dass es hier an der Schule eine solche Gruppe gibt – seien es nun Neonazis oder eher eine okkulte Sekte –, die unter anderem auch hinter dieser Geiselnahme steckt. Alle Berichte weisen darauf hin. Wir sind nur knapp einem Blutbad entgangen.«

»Und wir glauben, dass sie auch für alles andere verantwortlich ist, was an dieser Schule gerade aus dem Ruder läuft«, hat das Mädchen mit den kurz geschorenen Haaren hinzugefügt, diesmal etwas freundlicher. »Die haben offenbar Größeres vor, als einfach nur eine Schule aufzumischen.«

Schweigen machte sich breit, das erst von dir wieder gebrochen wurde:

»Wie wärs, wenn wir gemeinsam versuchen, dieser Frage auf den Grund zu gehen?«

Alle haben dich angestarrt. Das Mädchen mit den kurz geschorenen Haaren hat dir als Erste die Hand hingestreckt:

»Bérénice.«

Dann war der Stämmige mit der Brille an der Reihe:

»Romain.«

Das mollige, lächelnde Mädchen hat sich dir als »Yun«

vorgestellt, und schließlich ist auch der langhaarige Typ auf dich zugekommen: »Ich bin Karim. Und du?«

»Alex. Und habt ihr auch schon eine Idee, wie wir uns nennen können?«

»Die Ninjas!«, kam es sofort von Romain.

»Na ja ...« Bérénice hat die Unterlippe vorgeschoben. »Vielleicht sollte deutlich werden, dass wir *auch* unsere grauen Zellen zum Einsatz bringen?«

»Die Genialen Ninjas?«, schlug Karim vor und strich sich eine Strähne aus dem Gesicht. »Oder die Ninja-Nerds?«

Alle schüttelten den Kopf. Damit war niemand zufrieden.

»Das Wort Nerds ist doch schon uralt«, hast du dich zu Wort gemeldet. »Vielleicht lieber irgendwas mit ›Geeks‹? Das sind doch auch so Spezialisten. Was haltet ihr von den ›Escape-Geeks‹? Dem Alltag entfliehen wollen wir schließlich auch, oder nicht?«

Der Name war dir eben erst eingefallen. Wieder haben dich alle angestarrt. Ängstlich hast du auf ihr Urteil gewartet, schließlich wolltest du wirklich gern bei ihnen mitmachen. »Nicht schlecht«, hat Bérénice anerkennend gesagt. »Wer ist dafür?«

Alle Hände gingen nach oben.

Und so wurden die Escape-Geeks gegründet.

0

Du hast also, zusammen mit vier anderen Schülern der Gustave-Caillebotte-Oberschule, die Escape-Geeks gegründet. Euer Ziel ist es, die Pläne jenes obskuren Geheimbunds zu durchkreuzen, den ihr, wegen der Rune, die er als Emblem verwendet, ›Othil‹ getauft habt.

Ihr seid zu fünft in eurem Team: du selbst, Alex, und dazu Bérénice, Karim, Romain und Yun.

Deine Stärke ist die Vielseitigkeit. Wann immer die anderen unschlüssig sind, was zu tun ist, wenden sie sich an dich. Du hast nicht wirklich das Kommando, fällst aber immer die letzte Entscheidung. Trotzdem gibt es auch bei dir Momente, wo du die Unterstützung deiner Freunde benötigst.

Du gehst mit System vor und hast gern alles geordnet.

Doch auch die anderen Geeks haben alle ihre Eigenheiten:

Um Bérénice kennenzulernen, rechne 0 +1 *und gehe zu Etappe 1*

Um Karim kennenzulernen, rechne 0 +2 *und gehe zu Etappe 2*

Um Romain kennenzulernen, rechne 0 +3 *und gehe zu Etappe 3*

Um Yun kennenzulernen, rechne 0 +4 *und gehe zu Etappe 4*

Andernfalls gehe zu Etappe 5

1

Bérénice ist die Jüngste von euch. Sie ist in der achten Klasse und ziemlich klein, aber sehr reif für ihr Alter. Ihre Leidenschaft: Mathe und Knobelaufgaben. Auch teilt sie gern mal bissige Bemerkungen aus, vor allem, wenn andere für ihren Geschmack zu langsam sind. Sie sorgt sich um andere, spielt gern Gesellschaftsspiele und will Ärztin werden. Sie lässt es sich meist nicht anmerken, liebt aber jede Form der Aufregung. Ihr Haar trägt sie erst so raspelkurz, seit sie *Black Panther* gesehen hat. Was beim Schwimmen, ihrem Lieblingssport, durchaus von Vorteil ist.

Und so stellt sie sich dir vor:

Als Schulfach wäre ich ...
Mathematik

Als Element wäre ich ...
Das Wasser

Als Jahreszeit wäre ich ...
Der Winter

Als Gefühl wäre ich ...
Die Angst

Als Tier wäre ich ...
Ein Alligator

Als Körperteil wäre ich ...
Der Kopf

Als einer der fünf Sinne wäre ich ...
Das Gehör

Als Beruf wäre ich ...
Ärztin

Als Gegenstand wäre ich ...
Ein Computer

Als Strategie wäre ich ...
Der Hilferuf

Als Hobby wäre ich ...
Schachspielen

Als Ort wäre ich ...
Ein Vergnügungspark

Als Film oder Serie wäre ich ...
Black Panther

Wenn du weitere Escape-Geeks kennenlernen möchtest,
gehe zurück zu 0
Wenn nicht, gehe zu 5

2

Karim geht in die elfte Klasse. Er ist groß und dünn und trägt die Haare so lang, dass man kaum noch seine traurigen Augen sieht. Er ist ein ziemlicher Einzelgänger, liebt Literatur und Geschichte und verlässt sein Zimmer eigentlich nur, um sich mit den Escape-Geeks zu treffen, die quasi seine einzigen Kontakte zur Außenwelt sind. Nur sie können ihn ab und zu mal aus seiner romantischen Traumwelt befreien. Er ist sehr belesen und im Umgang mit anderen immer um Kompromisse bemüht. Obwohl er nicht sehr sportlich wirkt, verfügt er über eine erstaunliche Ausdauer.

Und so stellt er sich dir vor:

Als Schulfach wäre ich ...
Literatur

Als Element wäre ich ...
Die Erde

Als Jahreszeit wäre ich ...
Der Herbst

Als Gefühl wäre ich ...
Die Trauer

Als Tier wäre ich ...
Ein Panda

Als Körperteil wäre ich ...
Die Beine

Als einer der fünf Sinne wäre ich ...
Der Tastsinn

Als Beruf wäre ich ...
Community Manager

Als Gegenstand wäre ich ...
Ein Buch

Als Strategie wäre ich ...
Die Untätigkeit

Als Hobby wäre ich ...
Lesen

Als Ort wäre ich ...
Ein kleiner Park

Als Film oder Serie wäre ich ...
Pans Labyrinth

Wenn du weitere Escape-Geeks kennenlernen möchtest,
gehe zurück zu 0
Wenn nicht, gehe zu 5

3

Romain kann kaum stillsitzen. Mittelgroß und eher stämmig, strotzt er nur so vor Energie. Was ihm die zehnte Klasse nicht immer leicht macht. An den Escape-Geeks interessiert ihn, um ehrlich zu sein, vor allem der Teil mit dem ›Escape‹. Er ist schon seit Jahren im Boxverein. Was er im Unterricht versäumt, holt er mit seiner unerschöpflichen Neugier und Ausdauer aber schnell wieder auf. Seit Kurzem hat er das Kochen für sich entdeckt und denkt sich gern verrückte Kreationen aus, die dann auch jeder probieren muss.

Und so stellt er sich dir vor:

Als Schulfach wäre ich ...
Sport

Als Element wäre ich ...
Das Feuer

Als Jahreszeit wäre ich ...
Der Sommer

Als Gefühl wäre ich ...
Die Wut

Als Tier wäre ich ...
Ein Känguru

Als Körperteil wäre ich ...
Die Arme

Als einer der fünf Sinne wäre ich ...
Der Geschmack

Als Beruf wäre ich ...
Klempner

Als Gegenstand wäre ich ...
Ein Schraubenschlüssel

Als Strategie wäre ich ...
Der Widerstand

Als Hobby wäre ich ...
Fallschirmspringen

Als Ort wäre ich ...
Ein Sportplatz

Als Film oder Serie wäre ich ...
Fast and Furious

Wenn du weitere Escape-Geeks kennenlernen möchtest,
gehe zurück zu 0
Wenn nicht, gehe zu 5

4

Yun geht, wie Karim, in die elfte Klasse. Sie ist mittelgroß, ein bisschen rundlich und wegen ihrer ansteckenden Lebensfreude bei allen beliebt. Sie kann gut zeichnen und malen, hat viel schauspielerisches Talent, aber auch handwerkliches Geschick. Es gibt nicht viel, was ihr die Laune verderben kann, außer vielleicht unangenehme Gerüche, auf die sie sehr empfindlich reagiert. Eine Sportskanone ist sie nicht, kann aber beeindruckend lange die Luft anhalten.

Und so stellt sie sich dir vor:

Als Schulfach wäre ich ...
Kunst

Als Element wäre ich ...
Die Luft

Als Jahreszeit wäre ich ...
Der Frühling

Als Gefühl wäre ich ...
Die Freude

Als Tier wäre ich ...
Ein Wellensittich

Als Körperteil wäre ich ...
Der Rumpf

Als einer der fünf Sinne wäre ich ...
Der Geruchssinn

Als Beruf wäre ich ...
Künstlerin

Als Gegenstand wäre ich ...
Ein Schweizer Taschenmesser

Als Strategie wäre ich ...
Die Flucht

Als Hobby wäre ich ...
Basteln

Als Ort wäre ich ...
Ein Theatersaal

Als Film oder Serie wäre ich ...
Avatar

Wenn du weitere Escape-Geeks kennenlernen möchtest,
gehe zurück zu 0
Wenn nicht, gehe zu 5

5

An diesem Tag wird alles anders.

Als ihr euch heute, wie gewohnt, in der Bibliothek versammelt, wirft Romain die Schülerzeitung auf den Tisch. »Hier, lest mal Seite 3.«

Der Artikel ist von Lana Blum unterzeichnet, einer Elftklässlerin, die zu den Opfern der Geiselnahme gehörte. Du überfliegst ihren Bericht über diese schier unglaubliche Geschichte und hebst dann ratlos den Kopf.

»Na und?«

»Lies den Schluss.«

Doch Karim kommt dir zuvor: »Da erwähnt sie dieses Gerücht, dem zufolge ein Schüler in den Fundamenten der Schule eingemauert worden sein soll.«

»Das ist doch nur ein Schauermärchen!« Bérénice schüttelt ärgerlich den Kopf. »Eins, das man den Sechstklässlern erzählt, um ihnen Angst zu machen.«

»Was sie sagt, klingt für mich aber schon ziemlich glaubwürdig«, mischt Yun sich ein.

»Ach Quatsch!«, ruft Bérénice. »Diese Lana Blum will sich doch nur wichtigmachen.«

In der Tat bleibt der Bericht eher vage, vor allem, was die von euch ›Othil‹ getaufte Gruppe angeht. Okkulte Sekte oder neofaschistische Terrorzelle? Die Fakten hingegen sind klar: Ein bewaffneter Trupp ist an einem Samstagmorgen in die Schule eingedrungen und hat alle Anwesenden als Geiseln genommen, darunter auch die besagte Lana Blum.

Anschließend haben die Geiselnehmer offenbar im Keller der Schule, in einem Abstellraum neben der

Turnhalle, ein Loch gegraben, um von dort in ein unterirdisches Netz aus Stollen zu gelangen.

»Diese Lana behauptet, eine ähnliche, auch ziemlich gewaltbereite Gruppe sei schon in den 1990er-Jahren in Erscheinung getreten. Angeblich haben die damals eins ihrer Mitglieder spurlos verschwinden lassen. Vielleicht ist das der Ursprung unseres Schauermärchens?«

»Möglich, aber diese Lana Blum weiß doch noch nicht mal genau, ob es sich in beiden Fällen wirklich um diese Othil-Gruppe handelt«, wendet Bérénice angriffslustig ein.

»Das stimmt«, bestätigt Romain, während er mit dem Stuhl nach hinten kippelt. Seine Augen funkeln. »Würd sich doch lohnen, das mal rauszufinden, oder?«

* * *

Nach mehreren Tagen der Vorbereitung seid ihr dann so weit, in die Tiefen eures Schulgebäudes hinabzusteigen. Tatsächlich soll es dort einen versteckten Raum geben, durch den man in ein unterirdisches Netz aus Gängen gelangt. Ihr habt alle einen kleinen Rucksack mit Ausrüstung dabei und Romain hat zusätzlich für jeden Escape-Geek ein Sandwich als Proviant vorbereitet.

Am Freitag nach der Schule soll es losgehen.

»Erst 17 Uhr, perfekt! Dann bin ich sicher früh genug zu Hause, um noch ein bisschen zu lesen«, freut sich Karim.

Mit gespielter Gleichgültigkeit geht ihr die Kellertreppe hinunter. Hier unten ist es vorbei mit den glänzenden Parkettböden und freskenbemalten Wänden eures altertümlichen Schulgebäudes. Die Wände sind feucht und hinter den Deckenverkleidungen verläuft ein Gewirr von Rohren.

Ihr passiert den Eingang zur nagelneuen Mehrzweckhalle, biegt um die nächste Ecke und steht vor der Tür eines Abstellraums. Sie ist allerdings verriegelt.

»Hier muss es sein«, verkündet Romain, der seine Ungeduld kaum noch zügeln kann.

»Haltet ihr das wirklich für eine gute Idee?«, fragt Karim, ziemlich blass im Gesicht (also, noch blasser als sonst). »Sollten wir die Sache nicht lieber der Polizei überlassen?«

»Wir können doch jetzt keinen Rückzieher mehr machen!«, ruft Romain und verpasst ihm einen kräftigen Klaps auf den Rücken. Dann schaut er dich fragend an: »Hast du alles, was du brauchst?«

Du kramst in deinem Rucksack. Nichts vergessen?

Klettergurt. Taschenlampe. Sandwich. Schraubenzieher.

Ab jetzt steht dir dein Inventar ? zur Verfügung. Du findest es auch auf der hinteren Buchklappe. Wähle gut aus!

Nimmst du den Schraubenzieher, rechne 5 +7. Gehe zu 12

Nimmst du das Sandwich, rechne 5 +8. Gehe zu 13

Nimmst du die Taschenlampe, rechne 5 +9. Gehe zu 14

Nimmst du den Klettergurt, rechne 5 +14. Gehe zu 19

9

Tatsächlich entdeckst du jetzt eine 9 auf dem Boden, eine weitere auf dem Weg zum Ausgang und dann noch eine oberhalb der Tür. Kein Zweifel: Ihr seid auf der richtigen Spur.

Zögernd verlasst ihr die Halle mit dem Wandrelief. Du gehst weiterhin voran und lässt den Strahl der Taschenlampe über die Wände gleiten, damit dir ja kein Hinweis entgeht. Schon nach wenigen Metern taucht links ein Durchgang auf, ebenfalls mit einer 9 markiert.

Du bemerkst, dass Romain Bérénice an die Hand genommen hat, offenbar um sie zu stützen. Sie muss wirklich erschöpft sein, sonst würde sie sich nicht helfen lassen.

Ihr betretet jetzt einen kreisrunden Raum, in dessen Mitte sich ein Loch befindet. Du läufst darauf zu und beugst dich übers Geländer. Eine Wendeltreppe führt scheinbar endlos in die Tiefe hinab.

»Meinst du, wir müssen da runter?«, fragt Romain.

»Was sonst? Ich seh keinen anderen Ausgang ...«

Vorsichtig steigst du die ersten Stufen hinunter. Irgendwas ist hier seltsam. Beim nächsten Schritt sieht es um deinen Fuß herum plötzlich aus, als würde die Luft dort Wellen schlagen, wie in einem bösen Traum.

Und dann merkst du, wie deine Socke nass wird.

»Das ist Wasser!«

In der schwachen Beleuchtung hast du gar nicht bemerkt, dass die Treppe bis zu dieser Stufe überflutet ist.

»Ah, jetzt erinnere ich mich!«, ruft Karim. »Dieser Brunnen ist berühmt, den haben sie uns auch bei der Führung durch die Katakomben gezeigt. Man nennt ihn auch ›das Fußbad der Bergarbeiter‹. Die Guides haben sich einen Spaß daraus gemacht, die Leute die Treppe runterzuschicken, damit sie sich nasse Füße holen.«

»Und das fällt dir jetzt erst ein?«, knurrst du ärgerlich.

»Die Geschichte hab ich auch schon mal gehört«, sagt Yun. »Komm schon, die ist wirklich ganz lustig, oder?«

Ein Lachen ertönt, in das du eher missmutig einstimmst. Erst ein Blick in die Gesichter deiner Freunde macht dir klar, dass von ihnen keiner lacht. Stattdessen starren dich alle erschrocken an.

»Hier bin ich«, ruft eine metallische Stimme.

Und mit kalten Grausen erkennst du, dass sie einem dieser bewaffneten Typen gehört.

Gehe zu 667

12

Du fummelst mit dem Schraubenzieher am Türschloss herum. Das dauert. Romain tigert nervös auf und ab.

»Komm schon, Alex, so wird das doch nichts«, sagt Karim.

»Vielleicht solltest du dieses Werkzeug jemandem überlassen, der damit umgehen kann«, schlägt Bérénice vor.

Yun tritt vor und zeigt dir geduldig, wo und wie du den Schraubenzieher ansetzen musst. Schließlich gelingt es dir, den Schnapper beiseitezuschieben. Das Schloss springt auf, die Tür ist offen.

Gehe zu 20

13

»Du hast doch wohl noch keinen Hunger!«, ruft Romain empört, als du dein Sandwich hervorholst. »Übrigens ist das meine neueste Kreation: Hummus, geraspelte Möhren und Räuchertofu.«

Mit skeptischer Miene schiebst du das Sandwich in den Rucksack zurück.

Gehe zurück zu 5

14

Du richtest die Taschenlampe auf das Schloss an der Tür.

»Tolle Idee!«, stichelt Bérénice. »So sieht man doch gleich viel besser, dass es zu ist.«

Deine Freunde kichern spöttisch.

Um nicht noch mehr Batterien zu verschwenden, schaltest du die Lampe lieber schnell wieder aus.

Gehe zurück zu 5

15

Du rufst den Rettungsdienst, während Bérénice bei Gilbert eine Herzdruckmassage vornimmt.

Schon nach wenigen Minuten treffen die Sanitäter ein und lösen deine Freundin ab. Nach einer Weile, die euch endlos vorkommt, hustet Gilbert und öffnet die Augen.

»Er lebt!«

Auch du atmest auf. Was für eine Erleichterung!

Jubelnd werft ihr euch einander in die Arme, aber du spürst, wie dir vor Aufregung immer noch die Hände zittern.

»Ein Sieg für die Escape-Geeks!«, ruft Romain. »Gibts jetzt was zu essen? Ich komme um vor Hunger!«

»Ich werde wohl erst mal in Desinfektionsmittel baden«, erwidert Karim.

»Die Sache ist auch noch nicht vorbei«, gibt Bérénice zu bedenken. Trotz ihrer Erschöpfung scheint sie bereit, sich gleich wieder mit Othil anzulegen.

Auch dir ist klar, dass, was Othil angeht, das letzte Wort noch nicht gesprochen ist. Dieses Kreuz auf dem Eiffelturm wirkt fast wie eine Einladung. Und auch Merlins Grab hat noch nicht all seine Geheimnisse preisgegeben.

Von den anderen Escape-Geeks umringt, alle erschöpft, aber hoch motiviert, fällt dir das passende Schlusswort ein:

»Wir sind noch nicht fertig mit Othil ...«

ENDE DES ABENTEUERS!
GUT GESPIELT!

»Ich glaube nicht«, sagt Bérénice, »dass man die fünf und zwölf zusammenzählen soll. Ich lese es eher als **512.**«

Du könntest dich ohrfeigen.

Gehe zu 512

19

Du willst deinen Klettergurt aus dem Rucksack ziehen, kommst dir aber dabei schon lächerlich vor: Wie soll der euch helfen, eine Tür zu öffnen? Wortlos steckst du ihn zurück.

Gehe zurück zu 5

20

Die Tür zur Abstellkammer schwingt auf und hinter einem Durcheinander aus Eimern, Besen und Wischlappen entdeckt ihr ein großes Loch in der Rückwand, aus dem noch die bloßen Ziegel herausragen. Offenbar hat niemand es für nötig gehalten, die Wand wieder zuzumauern, sondern einfach nur die Tür zugezogen.

»Das war also nicht nur ein Gerücht!«, frohlockt Romain. »Die Geiselnehmer haben sich tatsächlich zu den unterirdischen Tunneln durchgegraben!«

Ein Schauer läuft dir den Rücken hinunter. Jetzt geht das Abenteuer richtig los. Zahllose Fragen schwirren dir durch den Kopf. Was werdet ihr über Othil erfahren? Stecken sie hinter der Geiselnahme? Und was hat es mit diesen alten Geschichten auf sich? Wurde hier tatsächlich ein Schüler eingemauert?

Einer nach dem anderen klettert ihr durch das Loch in der Wand. Obwohl du dich in Acht nimmst, ist deine Hose danach voller Staub.

Um euch herum ist es jetzt stockdunkel.

Ihr schaltet eure Taschenlampen ein und seht einen niedrigen Stollen vor euch, in den ihr nun nacheinander auf allen vieren hineinkriecht. Dir gefällt die Enge nicht, aber du beißt die Zähne zusammen und betest, dass es bald vorbei ist.

»Hier stinkts nach Erde, Rost und faulen Eiern.« Yun verzieht angewidert das Gesicht.

Nach einer Weile wird der Tunnel breiter, doch gleich darauf mündet von der Seite ein dickes, annähernd meterhohes Rohr ein, das ihn fast komplett ausfüllt und den weiteren Weg versperrt.

»Wenn wir nicht einfach umkehren wollen, müssen wir wohl obendrauf langkriechen«, sagt Romain mit leuchtenden Augen. Für ihn ist das offensichtlich der schönste Tag seines Lebens.

Du ziehst die Riemen deines Rucksacks stramm, damit er enger am Rücken anliegt, und kletterst auf das Rohr.

Das Metall unter deinen Händen ist kalt und feucht und von einer rötlichen Schmierschicht überzogen. Deine Eltern werden vom Zustand deiner Hose nicht begeistert sein, wenn du nach Hause kommst.

Vorsichtig schiebt ihr euch über die glitschige Oberfläche. Eine falsche Bewegung und ihr rutscht ab. Alle sind hoch konzentriert und du hörst nur euren Atem. Und dann auch noch etwas, das an Zähneklappern erinnert. Das muss Karim sein.

»Seid mal ganz still«, flüstert Bérénice nach einer Weile. »Hier fließt irgendwo Wasser ...«

Tatsächlich. Auch du vernimmst jetzt ein leises Rauschen. Nicht lange danach weichen die Wände um euch auf einmal zurück, unter dem Rohr ist plötzlich nichts als gähnende Leere. Vorsichtig robbt ihr noch ein Stückchen weiter. Romain leuchtet mit seiner Lampe in die Dunkelheit, doch ihr Lichtstrahl kann nichts erfassen. Nur der Verlauf des Rohrs ist zu erkennen: Es führt erst über den Abgrund hinweg und verschwindet dann in der Wand gegenüber.

»Da gehts nicht mehr weiter«, verkündet Romain. »Wir müssen von diesem Rohr herunter.«

Der Zeitpunkt ist gekommen, erneut in deinem Rucksack zu kramen. Vielleicht findest du dort einen Gegenstand ?, der euch weiterhelfen kann.

Was willst du verwenden?

Den Schraubenzieher +7 ?

Das Sandwich +8 ?

Die Taschenlampe +9 ?

Den Klettergurt +14 ?

21

»So wirst du nur stolpern«, seufzt Romain.

Gehe zurück zu 448

24

»Ich glaube kaum, dass man eine Stufe überspringen soll!«, gibt Yun zu bedenken.

Gehe zurück zu 448

27

Du starrst in die Tiefe, den Schraubenzieher in der Hand. Blöde Idee. Da muss es doch wohl was Besseres geben …

Gehe zurück zu 20

28

»Nun hör doch mal auf, mir mit deinem Sandwich vor der Nase rumzuwedeln!«, ruft Romain genervt. »Das ist wohl kaum der richtige Zeitpunkt, um zu essen! Obwohl – ein bisschen Hunger hätte ich schon ...«

Mit düsterer Miene stopfst du dein Sandwich in den Rucksack zurück.

Gehe zurück zu 20

29

Du leuchtest mit deiner Taschenlampe in die Dunkelheit, entdeckst aber auch nicht mehr als Romain. Eins ist jedoch sicher: Das Rohr befindet sich mehrere Meter über dem Boden.

Gehe zurück zu 20

34

Der Klettergurt scheint dir am besten geeignet, um nach unten zu gelangen.

Auf dem rutschigen Rohr ist es aber gar nicht so leicht, ihn anzulegen.

»Nun mach doch mal hin«, drängelt Romain.

Du kannst jetzt aus den mit ›Aktion‹ bezeichneten Optionen ? auswählen, ob du entweder vorsichtig (plus 5) oder schnell (plus 6) handeln willst.

Bleibst du lieber vorsichtig, gehe zu 34 +5 = 39

Hältst du Eile für geboten, gehe zu 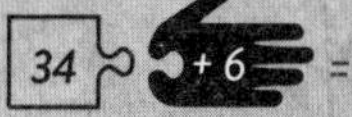 = 40

36

Du blutest am Kopf.

»Wie kann man nur so blöd sein!«, schimpft Bérénice.

Sie wickelt dir einen provisorischen Verband um den Kopf. Aber in diesem Zustand kommst du nicht mehr weiter.

Gehe zu 666

39

Du lässt dir Zeit, deinen Klettergurt anzulegen. Zu groß ist die Gefahr, auf der glatten, gewölbten Fläche den Halt zu verlieren. Du ziehst den Beckengurt stramm und kontrollierst noch einmal den Knoten, mit dem das Seil daran befestigt ist. Das andere Ende hat Romain schon um die Verankerung des Rohrs in der Wand geschlungen.

Du lässt dich seitlich am Rohr hinab und baumelst dann ins Leere.

Gehe zu 50

40

Hastig steigst du in den Klettergurt und verlierst auf dem rutschigen Metall den Halt. Mit einem Schrei stürzt du ins Dunkel hinab und schlägst drei Meter tiefer auf dem Boden auf. Mit voller Wucht.

Dein linkes Bein hält dem Aufprall nicht stand und bricht unter deinem Gewicht. Der Schmerz ist unerträglich. Dir ist sofort klar, dass ihr Hilfe holen müsst.

Gehe zu 666

Für einen kurzen Moment befindest du dich im freien Fall und dein Herz setzt einen Schlag lang aus.

Dann strafft sich das Seil, schwingt zur Seite und schleudert dich gegen die Wand. »Aua!«

»Was machst du denn da, Alex?«, fragt Bérénice, leicht genervt von deiner Ungeschicklichkeit.

»Ich bin gegen die Wand geknallt!«

»Das schaffst auch nur du«, feixt Romain.

Langsam lässt du dich weiter nach unten gleiten, bis du festen Boden unter den Füßen spürst. Auch die anderen seilen sich jetzt einer nach dem anderen ab. Ihr befindet euch in einem kreisförmigen Raum von fast dreißig Metern Durchmesser, der von einer seltsamen Wand aus Metall umschlossen wird.

Leider stellt sich heraus, dass nur noch eine eurer Taschenlampen richtig funktioniert. Zwei sind beim Abseilen auf den Boden gefallen und kaputtgegangen. Und die dritte, Karims, brennt zwar noch, aber nur ganz schwach. Karim zuckt entschuldigend die Achseln.

»Ich hätte neue Batterien reinmachen sollen, aber ich hab nun mal keine Erfahrung mit Abenteuern ...«

»Stimmt, für dich ist es ja schon ein Abenteuer, wenn du überhaupt mal dein Zimmer verlässt«, spottet Romain.

»Das stimmt nur zum Teil!«, gibt Karim zurück. »Ich war sogar schon mal hier unten, in den Katakomben von Paris!«

»Nicht nur du«, murmelt Yun, während sie versucht, Karims alte Batterien durch die frischen aus ihrer kaputten Lampe zu ersetzen. Aber die passen natürlich nicht!

Deine Lampe ist noch als einzige intakt. Du lässt ihren Strahl über das riesige, zylinderförmige Stahlgerüst gleiten.

»Was ist das für ein Teil?«, fragst du.

»Ein alter Gasometer, glaube ich«, antwortet Yun. »Irgendwo hab ich mal gelesen, dass unsere Schule auf dem Gelände einer ehemaligen Gasfabrik steht. In diesen Gasometern wurde das Gas gelagert.«

»Wenn das mal explodiert ...«, murmelt Karim und erschauert.

»Hier ist doch kein Gas mehr drin«, sagt Romain ungeduldig. Ihm dauert das alles viel zu lange.

»Riechen tut es aber trotzdem noch danach.« Yun rümpft die Nase.

Bérénice wirft einen Blick auf ihr Handy. »Empfang hat man hier unten jedenfalls keinen«, merkt sie an.

Sie schaltet die Lampe an ihrem Handy ein, doch du rätst ihr davon ab, weil der Akku sonst nicht lange hält und ihr eure Handys vielleicht später noch braucht.

»Hier ist ein Ausgang!«, ruft Romain, der nicht mehr zu bremsen war und schon mal den Raum erkundet hat. Und tatsächlich, im Licht der Lampe zeichnet sich eine Öffnung in der Metallwand ab.

Rasch verstaut ihr eure Klettergurte, tretet über die Schwelle und kommt in einen schmalen, komplett gemauerten Gang. Ein Blick zur Decke zeigt dir, dass das Gewölbe noch in gutem Zustand ist.

»Ich glaube, dieser Gang gehört zu den stillgelegten Steinbrüchen von Paris«, meldet sich Karim zu Wort. »Die ganze Stadt ist von solchen Stollen unterhöhlt.

Passt gut auf, hier gibt es immer wieder Löcher im Boden, die die unterschiedlichen Stockwerke miteinander verbinden.«

Mit dir als Schlusslicht setzt ihr euch im Gänsemarsch in Bewegung. Der strenge Geruch von Salpeter liegt in der Luft. Je weiter ihr vorankommt, desto mehr Stollen münden von allen Seiten in den Gang ein, verzweigen sich oder enden in einer Sackgasse. Das Ganze bildet ein richtiges Labyrinth.

Durchquere das Labyrinth auf der nächsten Seite, vom Eingang am linken Rand bis zum Ausgang am rechten Rand. Vergiss nicht, jede Zahl, an der du vorbeikommst, zu deiner Etappe zu addieren. Passierst du also drei Mal + 1, gehe zu 50 + 1 + 1 + 1 = 53

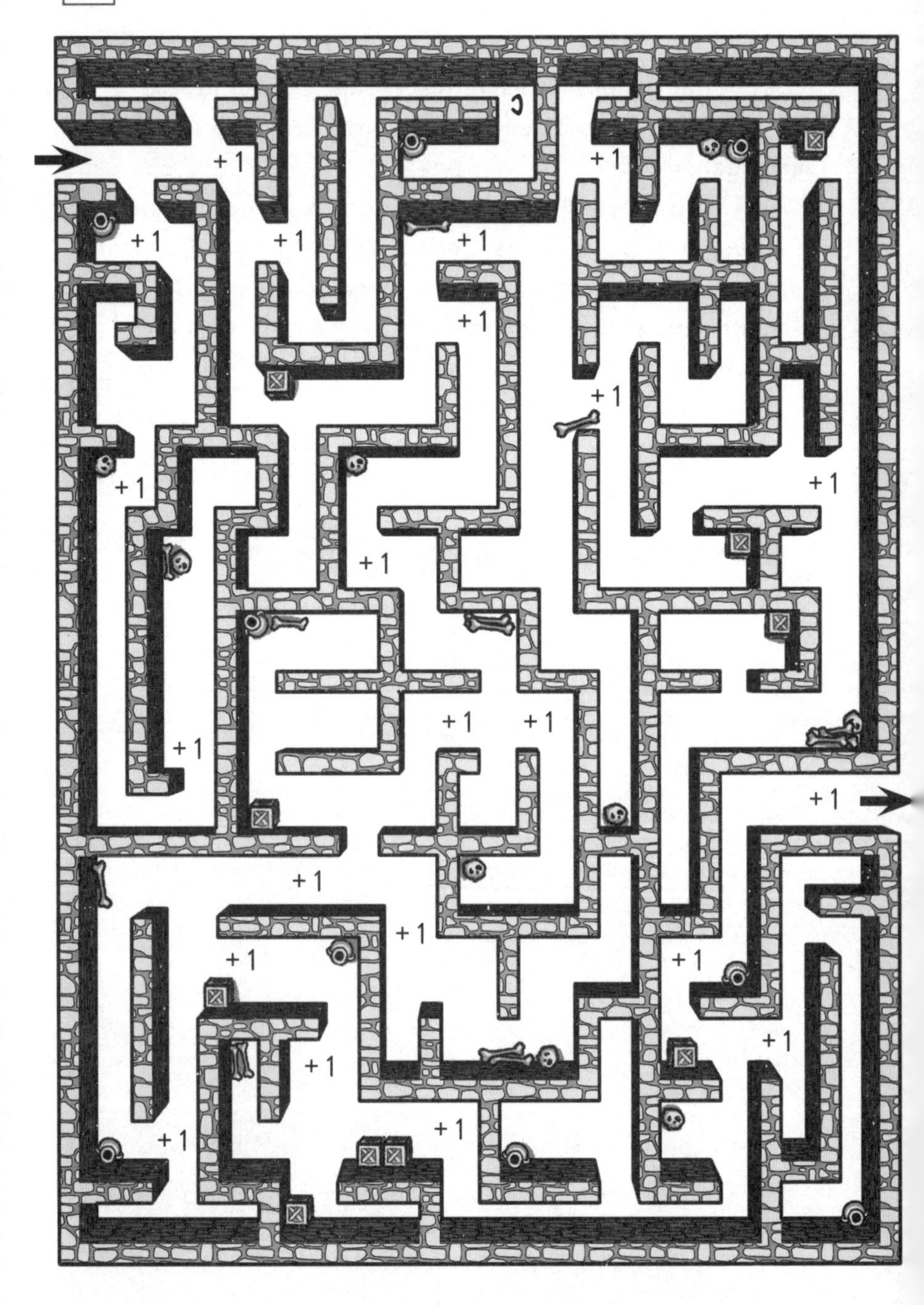
+1
+1
+1
+1
+1
+1
+1
+1
+1
+1
+1
+1
+1
+1
+1
+1
+1
+1
+1
+1
+1
+1
+1

52

»Hier ist eine Sackgasse!« Auf dem Boden vor dir entdeckst du wieder die seltsame Rune Ͻ, schwarz auf weißem Grund. Und darunter, in roter Schrift, das Wort *Salvus.* Das kommt dir irgendwie bekannt vor, aber du weißt nicht mehr, woher.

Gehe zurück zu 50

53

Das ist eine Sackgasse!

Gehe zurück zu 50

Mist! Hier gehts nicht weiter. Irgendwo müsst ihr falsch gegangen sein …

Gehe zurück zu 50

55

»Sind wir hier nicht schon mal vorbeigekommen?«, murmelt Romain.

Gehe zurück zu 50

56

»Wir laufen im Kreis!«, ruft Bérénice genervt.

Gehe zurück zu 50

57

»Ich hätte einen Plan zeichnen sollen«, ärgert sich Yun.

Gehe zurück zu 50

58

»Wir finden hier nie mehr raus!«, stöhnt Karim.

Gehe zurück zu 50

59

»Hier kommen wir jetzt schon zum dritten Mal vorbei«, knurrt Romain.

Gehe zurück zu 50

Gerade als du denkst, ihr hättet endlich den Ausgang gefunden, bleiben die anderen vor dir plötzlich stehen. Die Enge hier unten macht dir immer noch zu schaffen, aber bisher hattest du deine Panik ganz gut im Griff.

Während du darauf wartest, dass es weitergeht, trittst du nervös von einem Fuß auf den anderen.

Keine gute Idee!

Du spürst, wie der Boden unter dir nachgibt.

Bleibst du aus Vorsicht ganz still stehen?

Dann gehe zu 60 +5 = 65

Oder machst du schnell einen Satz nach vorn?

Dann gehe zu 60 +6 = 66

65

Du erstarrst mitten in der Bewegung. Doch es ist zwecklos. Der Boden bricht trotzdem unter dir weg.

Du fällst in ein Loch. Dein Sturz kommt dir endlos vor. Zwei Meter tiefer kommst du dann auf. Mit dem Knöchel.

Kracks!

Gehe zu 666

Du machst einen schwungvollen Satz nach vorn und hörst, wie hinter dir die Steine bröckeln. Du klammerst dich an Karim fest, um nicht doch noch rücklings in das Loch zu fallen.

»Das war knapp«, stößt Karim hervor, weiß wie ein Laken. »Und mich hättest du auch fast noch mitgerissen!«

Ihr schart euch um das Loch im Boden. Es ist mindestens zwei Meter tief – da hättest du dir leicht etwas brechen können.

»Seht mal!« Yun ist in die Hocke gegangen, um den Boden genauer zu untersuchen. »Das ist nicht einfach eine brüchige Stelle, das Loch hat jemand mit Absicht gegraben! Sollte das vielleicht eine Falle sein?«

»Meinst du, das haben die Leute von Othil gegraben? Das wär ja echt krank!«

Mit doppelter Vorsicht setzt ihr euren Marsch wieder fort. Wer weiß, ob hier nicht noch weitere Fallen auf euch warten ...

Gehe zu 100

88

Jemand zielt mit einem Revolver auf euch. Ihr habt keine andere Wahl, als die Hände zu heben und euch zu ergeben, in der Hoffnung, dass man euch dann nichts antun wird.

»Na bitte, da haben wir ja gleich mehrere Kandidaten, um Gilbert Gesellschaft zu leisten«, knurrt eine Stimme.

Ein eisiger Schauer überläuft dich. Sie werden euch einsperren, und dann könnt ihr nur noch darauf hoffen, dass euch jemand findet und befreit. Früher oder später.

FÜR EUCH IST DAS ABENTEUER HIER ZU ENDE.

Am Ende des Gangs gelangt ihr in einen großen Raum, der völlig in Dunkelheit getaucht ist. Deine Lampe erfasst zwei Kupferbehälter mit der Aufschrift H_2S.

Bérénice geht auf die beiden Behälter zu, die noch aus einer anderen Zeit zu stammen scheinen. Die Etiketten sind durch die Feuchtigkeit halb weggemodert, aber noch lesbar.

»Schwefelwasserstoff«, flüstert sie. »Sobald ihr ein Brennen in den Augen oder im Hals verspürt, müssen wir hier ganz schnell weg.«

»Die stammen wohl noch aus der Zeit des Gasometers«, sagt Yun und weicht hastig ein paar Schritte zurück.

Zwischen den rostigen Rohrleitungen fällt dir ein altmodischer Schalter aus Chrom und Porzellan ins Auge. Die Versuchung, ihn zu betätigen, ist groß. Was soll schon passieren? Schlimmstenfalls gar nichts. Du streckst schon die Hand danach aus, doch Romain kommt dir zuvor und drückt den Hebel energisch nach unten.

Und alles wird hell.

Entdecke den Raum auf der folgenden Seite.

100

Du erkundest den Raum.

Jede der Zahlen im Bild führt zu einer weiteren Etappe. Willst du dir also die Schrift an der Wand genauer ansehen, gehe zu 140.

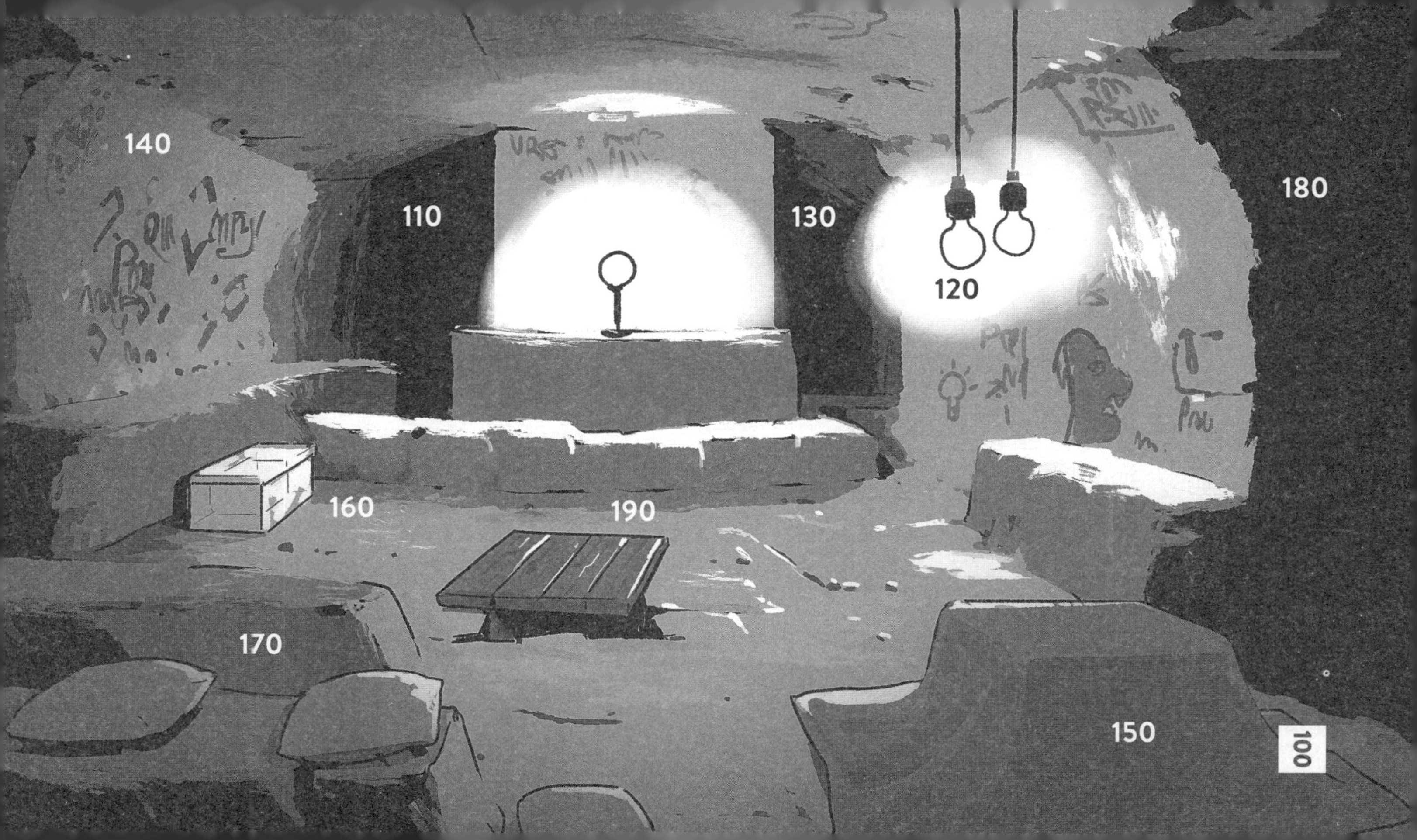
140
110
130
120
180
160
190
170
150

110

Hier gibt es nichts zu sehen, bis auf die Inschriften an der Wand, die zum Teil schon verblasst sind. Das meiste ergibt ohnehin keinen Sinn, weder für dich noch für Karim.

Gehe zurück zu 100

112

Du rufst den Rettungsdienst, während Bérénice bei Gilbert eine Herzdruckmassage vornimmt.

Schon nach wenigen Minuten treffen die Sanitäter ein und lösen deine Freundin ab. Nach einer Weile, die euch endlos vorkommt, hustet Gilbert und öffnet die Augen.

»Er lebt!«

Auch du atmest auf. Was für eine Erleichterung!

Jubelnd werft ihr euch einander in die Arme, aber du spürst, wie dir vor Aufregung immer noch die Hände zittern.

»Ein Sieg für die Escape-Geeks!«, ruft Romain. »Gibts jetzt was zu essen? Ich komme um vor Hunger!«

»Ich werde wohl erst mal in Desinfektionsmittel baden«, erwidert Karim.

»Die Sache ist auch noch nicht vorbei«, gibt Bérénice zu bedenken. Trotz ihrer Erschöpfung scheint sie bereit, sich gleich wieder mit Othil anzulegen.

Auch dir ist klar, dass, was Othil angeht, das letzte Wort noch nicht gesprochen ist. Dieses Kreuz auf dem Eiffelturm wirkt fast wie eine Einladung. Und auch Merlins Grab hat noch nicht all seine Geheimnisse preisgegeben.

Von den anderen Escape-Geeks umringt, alle erschöpft, aber hoch motiviert, fällt dir das passende Schlusswort ein:

»Wir sind noch nicht fertig mit Othil ...«

ENDE DES ABENTEUERS!
GUT GESPIELT!

120

Die Glühbirnen sind offenbar an das Stromnetz der Schule angeschlossen.

»Nicht schlecht«, sagt Yun anerkennend, die Hände in die Hüften gestemmt. »Wer immer das gemacht hat, muss ein verdammt guter Handwerker sein.«

Gehe zurück zu 100

123

Deinem Plan entsprechend bleibt Bérénice zurück, um den Feind in der Dunkelheit abzupassen. Als Jordan, den sie dank ihres feinen Gehörs genau orten kann, sich nähert, tippt sie Karim auf die Schulter, damit er Jordan aufs Handgelenk schlägt und entwaffnet.

Doch Karim hat nicht genug Kraft. Er scheitert. Als Romain versucht, ihm zu helfen, schlägt Jordan ihn mit dem Griff des Revolvers bewusstlos.

Du beobachtest diese Niederlage aus der Ferne und beschließt, dich aus Solidarität mit deinen Freunden ebenfalls zu ergeben.

Gehe zu 88

124

Deinem Plan entsprechend bleibt Bérénice zurück, um den Feind in der Dunkelheit abzupassen. Als Jordan, den sie dank ihres feinen Gehörs genau orten kann, sich nähert, tippt sie Karim auf die Schulter, damit er Jordan aufs Handgelenk schlägt und entwaffnet.

Doch Karim hat nicht genug Kraft. Er scheitert. Als Yun versucht, ihm zu helfen, schlägt Jordan sie mit dem Griff des Revolvers bewusstlos.

Du beobachtest diese Niederlage aus der Ferne und beschließt, dich aus Solidarität mit deinen Freunden ebenfalls zu ergeben.

Gehe zu 88

In dieser Ecke ist es dermaßen finster, dass du dich nicht weiter vorwagst. Dein Erlebnis vorhin mit dem Loch im Boden hat dir fürs Erste gereicht.

Gehe zurück zu 100

132

Deinem Plan entsprechend bleibt Bérénice zurück, um den Feind in der Dunkelheit abzupassen. Als Jordan, den sie dank ihres feinen Gehörs genau orten kann, sich nähert, tippt sie Romain auf die Schulter, damit er Jordan mit dem Schraubenzieher aufs Handgelenk schlägt und entwaffnet.

Romains Kraft reicht dafür gerade so aus. Als die Waffe zu Boden fällt, nutzt er die Chance und nimmt sie rasch an sich.

Karim rennt unverzüglich los, um das Trio Richtung Ausgang zu führen. Doch vom Radfahren im Bunker erschöpft, bleibt er immer mehr zurück und wird schließlich von euren Verfolgern geschnappt. Romain will ihm helfen, wird aber bewusstlos geschlagen.

Du beobachtest diese Niederlage aus der Ferne und beschließt, dich aus Solidarität mit deinen Freunden ebenfalls zu ergeben.

Gehe zu 88

Deinem Plan entsprechend bleibt Bérénice zurück, um den Feind in der Dunkelheit abzupassen. Als Jordan, den sie dank ihres feinen Gehörs genau orten kann, sich nähert, tippt sie Romain auf die Schulter, damit er ihn entwaffnet.

Romain schlägt Jordan mit aller Kraft aufs Handgelenk. Als die Waffe zu Boden fällt, nutzt er die Chance und nimmt sie rasch an sich. Jordan schreit auf wie ein verwundetes Tier und zieht sich in den Schatten zurück.

Yun rennt unverzüglich los, um das Trio zum Ausgang zu führen. Da sie früher schon mal hier war, weiß sie genau, wo es langgeht.

Mit klopfendem Herzen beobachtest du diesen vollen Erfolg deines Plans und drückst dann die Eingangstür auf.

Gehe zu 670

Die Graffiti an dieser Wand sind kaum noch zu entziffern ... bis auf die Rune ɔ, die euch jetzt ständig begegnet. Yun scheint Näheres darüber zu wissen.

Möchtest du Yuns Hinweis hören, gehe zu 140 + 4.

Wenn nicht, gehe zurück zu 100

142

Deinem Plan entsprechend bleibt Bérénice zurück, um den Feind in der Dunkelheit abzupassen. Als Jordan, den sie dank ihres feinen Gehörs genau orten kann, sich nähert, tippt sie Yun auf die Schulter, damit sie Jordan mit dem Schraubenzieher aufs Handgelenk schlägt und entwaffnet.

Doch Yun hat nicht genug Kraft. Sie scheitert. Als Karim versucht, ihr zu helfen, schlägt Jordan sie mit dem Griff des Revolvers bewusstlos.

Du beobachtest diese Niederlage aus der Ferne und beschließt, dich aus Solidarität mit deinen Freunden ebenfalls zu ergeben.

Gehe zu 88

143

Du glaubst, deine Freunde gut ausgewählt zu haben. Aber du bist dir noch unsicher, welche Rolle jeder von ihnen übernehmen soll.

Bérénice hat ein sehr feines Gehör. Sie ist sicher am besten dafür geeignet, die Typen von Othil abzupassen und euch rechtzeitig zu warnen.

Aber ob Yun die Richtige ist, um einen Schrank wie Jordan zu entwaffnen? Und Romain kennt sich hier unten doch gar nicht aus ...

Vielleicht musst du deinen Plan noch mal ein wenig überarbeiten.

Gehe zurück zu 823

Yun betrachtet die Rune aufmerksam und nickt dann.

»Ich hab mich in der Zwischenzeit mal schlaugemacht: ›Othil‹ ist der letzte Buchstabe im germanischen Runenalphabet, das ›Futhark‹ genannt wird. Othil entspricht dem Buchstaben ›O‹ und bedeutet zugleich auch ›Familie‹.«

Auch Karim scheint jetzt plötzlich etwas einzufallen.

Möchtest du Karims Hinweis hören, dann gehe zu 144 +2.

Wenn nicht, gehe zurück zu 100

146

»Ich hab mir eine Doku zu dem Thema angeschaut«, erklärt Karim. »Die germanische O-Rune war tatsächlich ein Symbol der Nazis, unter anderem auch von Teilen der Waffen-SS.«

Du erschauderst bei diesen Worten.

»Wie's aussieht«, fährt Karim fort, »sind diese Leute von Othil also tatsächlich eine Gruppe von Neonazis. Jedenfalls verwenden sie ein Symbol, das während des Krieges für die Vernichtung von Millionen von Menschen stand.«

»Für mich sind diese Typen echt das Allerletzte«, stößt Romain verächtlich hervor.

»Klar«, sagt Yun besänftigend, »aber es könnte doch auch sein, dass es nur ein paar dumme, harmlose Jungs sind, die gar nicht wissen, wofür dieses Symbol eigentlich steht.«

Diese These erscheint dir nicht sehr plausibel.

»Ein paar harmlose Jungs wären wohl kaum mit Waffengewalt in eine Schule eingedrungen«, gibst du zu bedenken. Doch Karim signalisiert dir, das Thema lieber fallen zu lassen.

Gehe zurück zu 100

Als du die Plastikplane wegziehst, kommt ein geradezu antiker Rechner zum Vorschein, ein riesiger, klobiger Bildschirm und dazu eine Tastatur mit integriertem Prozessor. Auf dem Label steht: Atari 1040 STF.

»Wow!«, ruft Bérénice. »Das Teil ist ja ein echter Dinosaurier! Der muss noch aus den 1990ern stammen. Und seht mal, angeschlossen ist er auch noch. Aber ob der noch funktioniert ...«

Seitlich an der Tastatur entdeckst du einen Schlitz: das Laufwerk für einen Datenträger. So antik das Gerät auch aussehen mag, dass er angeschlossen ist und so sorgfältig abgedeckt wurde, weist für dich darauf hin, dass er kürzlich noch benutzt worden ist.

Gibt es einen neuen Gegenstand ?, den du mit dem Laufwerk verwenden kannst, so musst du seinen Zählwert zu dieser Etappe 150 addieren.
Die hintere Buchklappe hilft dir bei der Lösung des Rätsels.
Andernfalls gehe zurück zu 100

160

Du öffnest den Deckel der durchsichtigen Plastikkiste und findest einen Haufen Disketten, die in etwa so aussehen wie das Symbol für ›Speichern‹ auf deinem eigenen Rechner. Die Namen auf den Etiketten sagen dir gar nichts: *Kick Off 2*, *Vroom*, *Rick Dangerous*, *Stunt Car Racer*, *Gods*, *Arkanoid* ...

»Alles Videospiele aus den 90er-Jahren«, sagt Bérénice mit Kennerblick.

Du entdeckst mehrere Disketten + 12, die nur mit einer aufgemalten Rune gekennzeichnet sind.

»Okay, die gehören wohl zweifellos den Typen von Othil«, stellt Karim überflüssigerweise fest.

Es gibt drei davon. Ihr bräuchtet ein Laufwerk, um nachzusehen, was auf ihnen gespeichert wurde.

Gehe zurück zu 100

Die Disketten passen genau in den Schlitz.

Du schaltest den Rechner ein und schiebst dann die erste Diskette ins Laufwerk. Hektisches Klackern ist zu hören. Minuten später erscheint eine grüne Arbeitsoberfläche auf dem Bildschirm.

Drei Sätze stehen dort geschrieben. Sie sind sehr kurz.

Der erste lautet:

»Gilbert, hat verdient. in begraben, 190 minus muss.«

Dann der zweite:

»der den Er dem wo plus 2 Tschüss,«

Und der dritte:

»Verräter, Tod ist Raum man 12 rechnen Gilbert!«

Hier muss ein Rätsel gelöst werden. Erst dann wirst du wissen, wie es weitergeht. Denk in Ruhe nach. Du kannst deine Freunde um Hilfe bitten. Achtung, ihre Hinweise werden immer genauer. Der letzte liefert dir die Lösung.

Ein erster Hinweis kommt von Romain +3

Ein zweiter von Bérénice +1

Die Erklärung kommt von Yun +4

Die Lösung kommt von Karim +2

163

Bérénice nickt bestätigend: »Sieh dir mal genauer an, wo die Satzzeichen und Großbuchstaben stehen.«

Gehe zurück zu 162

Karim verkündet:

»Das ergibt: ›Gilbert, der Verräter, hat den Tod verdient. Er ist in dem Raum begraben, wo man 190 plus 12 minus 2 rechnen muss. Tschüss, Gilbert!‹«

Und Bérénice hat die Summe auch schon ausgerechnet:

»Das macht **200**.«

Gehe zu 200

Romain kratzt sich am Kopf:

»So bedeutet das erst mal gar nichts. Ich schätze, man muss die Wörter irgendwie in die richtige Reihenfolge bringen, damit sie einen Sinn ergeben.«

Gehe zurück zu 162

Yun runzelt die Stirn:

»Ich habs! Alle Wörter sind Teile eines Puzzles. Liest man sie in der richtigen Reihenfolge, ergeben sie die Lösung. Man muss mit dem ersten Wort aus dem ersten Satz anfangen, dann kommt das erste Wort aus dem zweiten Satz, dann das erste aus dem dritten, und immer so weiter ...«

Gehe zurück zu 162

170

Ein paar Kissen liegen verstreut herum. Im Gegensatz zum Rest der Einrichtung wirken sie noch ziemlich neu. Offenbar seid ihr nicht die Ersten, die diesen Raum entdeckt haben – Haufen von Bierdosen und Zigarettenkippen sind über den Boden verteilt. Die älteren Bierdosen bedeckt eine dicke Staubschicht.

»Für mich sieht das eher nach dem Versteck von ein paar Oberschülern aus, die in Ruhe die Schule schwänzen wollen, als nach dem Hauptquartier einer Terrorzelle.«

»Vielleicht waren die Leute von Othil ja auch mal auf unserer Schule ...«

»Seht euch mal das Haltbarkeitsdatum auf den Bierdosen an«, sagt Romain. »Bei einigen ist es ganz aktuell, aber die anderen sind schon in den 90er-Jahren abgelaufen!«

»Heißt das also«, fragst du überrascht, »dass sich Othil tatsächlich schon seit dreißig Jahren hier rumtreibt, wie Lana Blum in ihrem Artikel behauptet?«

Auf dem Boden findet ihr noch weitere Symbole – Hakenkreuze, Pentagramme, Dreiecke mit einem Auge darin –, neben einigen weiteren Runen. Auch diese Kritzeleien scheinen zum Teil schon älter, zum Teil aber auch ganz frisch zu sein.

»Echt sympathisch, diese Typen!«, ruft Bérénice. »Schmutzig, ungebildet und komplett gestört ...«

»Ich finde das alles ziemlich beklemmend, oder?«, murmelt Karim.

»Ich auch«, sagt Yun.

»Soll ich mal versuchen, die anderen Runen zu übersetzen?«, fragt Karim. »Ich hab mir das Runenalphabet notiert, weil ich mir schon dachte, dass wir noch mehr von denen entdecken werden.«

Aber die einzelnen Buchstaben ergeben zusammen keinen Sinn und so lässt er es bald bleiben.

Gehe zurück zu 100

172

Eine ganze Weile lauft ihr schon schweigend durch die Gänge, als plötzlich ein Geräusch ertönt.

»Hier fließt irgendwo Wasser«, sagt Bérénice, die als Erste darauf aufmerksam geworden ist.

»Und es stinkt auch noch schlimmer als bisher«, fügt Yun hinzu und hält sich die Nase zu.

Ihr nähert euch einer Kreuzung. In eine der Wände hat jemand ein Loch geschlagen, zweifellos mit einem Hammer, wie in dem Abstellraum neben der Turnhalle.

Du steckst den Kopf durch die Öffnung, doch dahinter ist es stockfinster. Hier ist das Geräusch des fließenden Wassers noch lauter. Es klingt wie ein reißender Fluss.

»Lasst uns lieber gehen«, drängelt Karim. »So feucht, wie's hier ist, bricht bestimmt gleich alles zusammen.«

Damit könnte er recht haben. Übel riechende Dämpfe steigen aus dem Loch zu euch auf. Du musst dir die Nase zuhalten, um nicht ohnmächtig zu werden.

»Na gut, wir suchen uns einen anderen Weg, o. k.?«

Die anderen nicken. Als ihr gerade wieder umkehren wollt, packt dich Bérénice am Arm.

»Pscht! Hört ihr das?«

Du spitzt die Ohren, aber vergeblich. Erst, als du dich ein paar Schritte von dem tosenden Loch entfernst, erkennst auch du das Geräusch von Stimmen. Ein eisiger Schauer läuft dir die Wirbelsäule entlang.

»Sind das etwa die Typen von Othil?«, fragst du flüsternd.

»Ich will's gar nicht wissen«, murmelt Karim. »Mach die Lampe aus, sonst können sie uns sehen!«

Du gehorchst und die Welt versinkt wieder in Dunkelheit. Wenn das wirklich diese skrupellosen Typen sind, die vielleicht sogar einen ihrer eigenen Leute auf dem Gewissen haben, möchtest du denen auf keinen Fall begegnen.

»Was machen wir denn jetzt?«, fragt Romain.

Du lauschst noch einmal dem Echo der Stimmen. Sie scheinen sich zu nähern!

»Sie kommen auf uns zu!«, flüstert Karim.

Tretet ihr den Rückzug an? Dann gehe zu 222
Setzt ihr euren Weg weiter fort? Dann gehe zu 240

180

Hier gibt es nichts zu sehen, außer ein paar verschmierten Kritzeleien an den Wänden.

Gehe zurück zu 100

190

Du gehst auf das Loch zu, das sich in der Mitte des Raumes befindet und nur provisorisch mit einem Brett abgedeckt ist.

Näherst du dich ihm vorsichtig? + 5

Oder schnell? + 6

195

Vorsichtig schiebst du das Brett beiseite und beugst dich über das tiefe Loch. Dabei bröckelt sein Rand plötzlich unter deinen Händen weg, sodass du fast vornüberfällst. Gerade noch rechtzeitig kannst du zurückweichen. Dein Herz klopft wie verrückt.

Keiner der anderen, die auch alle mit der Inspektion des Raums beschäftigt sind, hat bemerkt, dass du nur knapp einem Sturz entgangen bist.

Sorgfältig schiebst du das Brett an seinen Platz zurück, damit nicht doch noch ein Unglück passiert.

Gehe zurück zu 100

196

Du gehst zum Rand des Lochs, um dir die Sache schnell mal anzusehen. Während du jedoch mit einem Fuß das Brett beiseiteschiebst, spürst du, wie unter deinem anderen Fuß der unbefestigte Rand des Lochs wegbricht und du – quasi in Zeitlupe – ins Leere fällst.

Dein Sturz ist nicht aufzuhalten. Als du auf dem Boden aufkommst, gibt es ein knackendes Geräusch und ein rasender Schmerz fährt durch deinen linken Knöchel. Dir wird fast schwarz vor Augen und nur mit Mühe erkennst du deine Freunde, die aus drei Metern Höhe zu dir hinunterschauen.

»Bist du verletzt, Alex?«

Du beißt die Zähne aufeinander, unfähig zu antworten. Aber dir ist sofort klar, dass du keinen Schritt mehr gehen kannst. Ihr müsst Hilfe holen.

Gehe zu 666

»Das ist ja unglaublich!«, ruft Bérénice. »Dann ist Othil also schon seit mehr als dreißig Jahren an dieser Schule aktiv. Und hat auch noch Blut an den Händen!«

»So weit würde ich nicht gehen«, sagt Karim beschwichtigend. »Geiselnahme, ja. Aber Mord? Dazu braucht es dann doch etwas mehr.«

Romain zuckt die Achseln. »Trotzdem, das Gerücht, hier sei ein Schüler eingemauert worden, wird durch diese Nachricht ja nun eindeutig bestätigt.«

Yun mischt sich ein. »Was eine viel wichtigere Frage aufwirft: Machen wir weiter oder nicht? Diese Leute scheinen wirklich gefährlich zu sein. Denkt an die Falle, die sie aufgebaut haben. Alex hätte sich ernsthaft verletzen können.«

»Aber die Sache mit diesem Gilbert ist doch schon dreißig Jahre her!«, widerspricht Romain. »Hat Bérénice selber gesagt!«

»Ich hab nur gesagt, dass der Rechner an die dreißig Jahre alt ist. Und wir haben ja selbst gesehen, dass der Rechner und der Raum vor Kurzem noch genutzt worden sind.«

»Wenn dieser Gilbert hier irgendwo seit dreißig Jahren eingesperrt ist, weiß ich nicht, ob ich das wirklich sehen will ...«, sagt Yun. Ihre Stimme klingt plötzlich heiser.

Du ergreifst das Wort: »Keiner weiß, was mit ihm geschehen ist, aber falls er umgebracht oder eingesperrt wurde, müssen wir das doch aufklären.«

»Falls«, betont Karim.

»Aber genau zu diesem Zweck haben wir doch die Escape-Geeks gegründet, oder nicht?«

Mit diesem Argument versuchst du auch dich selbst zu überzeugen, denn die Enge und Dunkelheit der Katakomben setzen dir zu. Du siehst, wie die anderen nicken.

»Und was machen wir jetzt?«, fragt Yun. Ihre Stimme ist noch rauer geworden und ihre Augen sind gerötet.

»Wir sehen nach, ob wir irgendwo Hinweise auf diesen Gilbert finden ...«

Unter diesem neuen Blickwinkel untersucht ihr den Raum ein zweites Mal. Du nimmst dir die Graffiti an den Wänden vor, die dir zunächst nicht so wichtig erschienen. Dabei stellst du fest, dass auch der Name ›Gilbert‹ an mehreren Stellen in den Putz geritzt worden ist.

Diese Inschriften bedecken einen großen Teil der Wand und führen dich in jene dunkle Ecke, die du vorhin gemieden hast. »Ich glaube, hier gehts lang.«

Vor euch befindet sich ein niedriger, provisorisch errichteter Gang. Du gehst voran. Das Licht der Glühbirnen reicht nicht sehr weit, und so seid ihr schon bald von Dunkelheit umgeben.

Es wird Zeit, von hier zu verschwinden, denn auch deine Augen fangen jetzt an zu tränen.

Gehst du vorsichtig weiter? +5

Oder lieber schnell? +6

Eilig stürmt ihr Karim hinterher, du allen voran, doch schon nach wenigen Schritten knallst du mit dem Kopf gegen eine Wand. Du siehst Sterne.

Besorgt führen dich deine Freunde ins Licht des Versammlungsraums zurück. Bérénice reißt erschrocken die Augen auf.

»Deine ganze Augenbraue ist aufgeplatzt! So kannst du nicht mehr weitergehen. Wir müssen dich hier rausbringen.«

Gehe zu 666

Vorsichtig tastest du dich weiter, aber schon nach wenigen Metern müsst ihr anhalten, weil Yun von einem Hustenanfall geschüttelt wird.

»Mir gehts nicht gut«, murmelt sie. Du holst dein Handy heraus und leuchtest Yun ins Gesicht. Sie ist leichenblass und ihr Lächeln verschwunden.

»Was hat sie denn bloß?«

Auch Bérénice mustert Yun besorgt. »Ich fürchte, das sind Vergiftungserscheinungen, durch den Schwefelwasserstoff«, sagt sie schließlich.

»Den riech ich aber gar nicht mehr.« Romain atmet tief durch die Nase ein.

»Wenn man Schwefelwasserstoff zu lange ausgesetzt ist, verliert man seinen Geruchssinn ...«, erklärt Bérénice in fachmännischem Ton.

Du schaust die anderen der Reihe nach an, doch die Entscheidung ist klar: Ihr müsst Yun hier rausbringen.

Gehe zu 575

Mit schnellen Schritten gehst du voraus und merkst schon nach wenigen Metern, wie die Luft frischer wird. Das Druckgefühl auf deiner Brust lässt nach und deine Augen hören auf zu tränen.

Es war gut, euch so schnell von den Gasbehältern zu entfernen. Allerdings solltet ihr nicht noch länger blind durch die Dunkelheit laufen.

»Haben wir nicht irgendwas ?, um ein bisschen Licht zu machen?«, fragt Romain.

213

Deinem Plan entsprechend bleibt Karim zurück, um den Feind in der Dunkelheit abzupassen. Als Jordan sich nähert, tippt er Bérénice auf die Schulter, damit sie Jordan mit dem Schraubenzieher aufs Handgelenk schlägt und ihn entwaffnet.

Doch vom Lärm einer vorbeifahrenden U-Bahn gestört, verpasst Karim den richtigen Moment und der Schlag von Bérénice geht daneben. Als Romain versucht, ihr zu helfen, schlägt ihn Jordan mit dem Griff des Revolvers bewusstlos.

Du beobachtest diese schmähliche Niederlage aus der Ferne und beschließt, dich aus Solidarität mit deinen Freunden ebenfalls zu ergeben.

Gehe zu 88

214

Deinem Plan entsprechend bleibt Karim zurück, um den Feind in der Dunkelheit abzupassen. Als Jordan sich nähert, tippt er Bérénice auf die Schulter, damit sie Jordan mit dem Schraubenzieher aufs Handgelenk schlägt und ihn entwaffnet.

Doch vom Lärm einer vorbeifahrenden U-Bahn gestört, verpasst Karim den richtigen Moment und der Schlag von Bérénice geht daneben. Als Yun versucht, ihr zu helfen, schlägt Jordan sie mit dem Griff des Revolvers bewusstlos.

Du beobachtest diese schmähliche Niederlage aus der Ferne und beschließt, dich aus Solidarität mit deinen Freunden ebenfalls zu ergeben.

Gehe zu 88

Das war doch mal eine gute Idee von Romain: Du knipst die Taschenlampe an und euch wird klar, dass ihr erneut in einem Labyrinth aus Gängen gelandet seid. Vorsichtig geht ihr weiter.

Das ist das erste Mal, dass du bei einem so gefährlichen Abenteuer mitmachst. Hier unten könnt ihr jederzeit den Leuten von Othil begegnen oder womöglich auch in eine weitere Falle tappen.

Plötzlich hörst du ein scharrendes Geräusch. Augenpaare schimmern in der Dunkelheit. Du richtest deine Lampe darauf und entdeckst in einer Nische des Gangs ein gräuliches Gewimmel. Wie erstarrt bleibst du stehen.

»Ratten«, murmelt Karim entsetzt. »Hunderte davon ...«

Du weißt nicht, was du machen sollst. Deine Freunde sehen dich fragend an. Du bekommst es mit der Angst zu tun, schließlich hast du Nagetiere noch nie leiden können, aber jetzt heißt es schnell zu reagieren.

Welcher deiner Freunde wäre wohl am ehesten in der Lage, dir in dieser Situation zu helfen?

Bérénice? +1
Karim? +2
Romain? +3
Oder Yun? +4

216

»Guck mich nicht so an«, ruft Bérénice. »Ich weiß auch nicht, was wir jetzt machen sollen! Ich will Ärztin werden, nicht Tierärztin! Außerdem scheinen diese Ratten mehr Angst vor uns zu haben als wir vor ihnen!«

Gehe zurück zu 215

Karim versteckt sich panisch vor Angst hinter dir, und das, obwohl er gut einen Kopf größer ist als du.

»Tu was, Alex! Bitte!«, wimmert er. »Schnell! Das ist ja der reinste Albtraum hier! Lasst uns abhauen!«

Hörst du auf Karim und rennst einfach los? +6

Wenn nicht, gehe zurück zu 215

»Wir müssen sie mit irgendwas füttern«, sagt Romain, etwas blasser als gewohnt. »Vielleicht lassen sie uns dann in Ruhe?«

Wirfst du den Ratten dein Sandwich hin? + 8

Wenn nicht, gehe zurück zu 215

Yun zögert noch.

»Am besten bleiben wir einfach ganz still stehen! Damit machen wir erst mal nichts falsch.«

Akzeptierst du ihren vorsichtigen Rat? +5

Wenn nicht, gehe zurück zu 215

222

Sofort macht ihr auf dem Absatz kehrt.

Doch schon nach wenigen Schritten blendet euch plötzlich ein grelles Licht, sodass ihr schützend die Hände vor die Augen nehmen müsst.

»Da schau her ...«, hört ihr eine höhnische Stimme.

Ihr seid mitten in der Höhle des Löwen gelandet.

Gehe zu 88

223

Von Panik ergriffen stürmst du durch die Dunkelheit. Und es kommt, wie es kommen muss: Du rennst frontal gegen eine Wand. Dir wird schwarz vor Augen.

Gehe zu 36

224

Nachdem die Ratten euch einen Moment lang angestarrt haben, weichen sie unvermittelt ins Dunkel zurück.

»Seht ihr?«, sagt Yun, die inzwischen wieder Farbe bekommen hat. »Vor denen müsst ihr keine Angst haben.«

Hättest du das doch schon vorher gewusst ...

Erleichtert setzt ihr euren Weg durch die Stollen fort, kommt aber nur langsam voran, weil Karim ängstlich darauf bedacht ist, bloß nichts zu berühren.

Hin und wieder kontrollierst du auf deinem Handy, wie spät es ist. Die Zeit vergeht schnell, der Unterricht ist längst vorbei und die Schulgebäude sind inzwischen verschlossen. An Umkehren ist jetzt nicht mehr zu denken.

Jeder Blick auf den Bildschirm zeigt dir auch, dass dein Akku fast leer ist und man hier unten immer noch kein Netz hat. Hinter der nächsten Biegung ragt dann plötzlich ein riesiger Stein vor euch auf, fast drei Meter hoch und komplett mit Runen bedeckt. Offenbar seid ihr auf einen Grabstein gestoßen. So wie er aussieht, muss er viele Jahrhunderte alt sein.

»Roter Schiefer«, konstatiert Bérénice.

»Wusste ich's doch!«, schwindelt Romain.

Yun ist einen Schritt zurückgetreten. »Sieht aus wie ein Standbild, das man aus einem riesigen Steinblock herausgeschlagen hat«, erklärt sie.

In der Tat: Der grob behauene Stein hat in etwa die Umrisse einer menschlichen Gestalt. Der Kopf erinnert vage an ein bärtiges Männergesicht und die Arme umschließen eine rechteckige Lücke.

»Vielleicht hat er ein Buch festgehalten«, murmelst du.

Karim hat sich unterdessen die Runen angesehen.

»Viele Einkerbungen sind schon so weit abgeflacht, dass man die Inschriften kaum noch erkennen kann. Nur hier sind noch welche gut lesbar.«

»Und was bedeuten die?«, fragt Romain ungeduldig.

»ᛗᛖᚱᛚᛁᚾ«

Karim wird blass, als er die sechs Runen mit seinen Notizen vergleicht. »Ihr werdet's nicht glauben, aber … Da steht: Merlin.«

»Soll das ein Scherz sein?«, ruft Bérénice.

»Nicht unbedingt«, erwidert Yun. »Wenn ich mich nicht täusche, sind wir gerade unter der Rue de la Tombe-Issoire. Der Legende nach befindet sich hier das Grab eines Riesen namens Issoire. Dieser Riese soll regelmäßig die Reisenden an der Straße nach Orléans ausgeplündert haben, bis er dann von Wilhelm von Oranien enthauptet und an dieser Stelle begraben wurde.«

Du runzelst die Stirn.

»Und du glaubst, dieser Riese wäre in Wahrheit Merlin gewesen?«

Yun schüttelt den Kopf.

»Nein, umgekehrt: Ich glaube, dieser Grabstein ist der Ursprung für die Legende des Riesen.«

»Bis zum Beweis des Gegenteils ist aber auch dieser Merlin nur eine Sagengestalt«, wendet Bérénice ein.

»Darum gehts doch gar nicht«, mischt Romain sich ein. »Ich könnte mir denken, dass die Leute von Othil an ihn geglaubt haben und diesen Ort deshalb schützen wollten. Sie haben dem Standbild das Buch geklaut, um schwarze Magie zu betreiben und ...«

»Was für ein Schwachsinn«, seufzt Bérénice.

Romain nimmt die Taschenlampe, leuchtet sein Gesicht von unten an und ruft dann mit geisterhafter Stimme:

»Dies ist das Geheimnis der Runen! Huh! Huh!«

Ihr solltet jetzt wohl lieber weitergehen.

»Kommt, solange wir hier rumstehen, werden wir die Antwort ganz bestimmt nicht finden.«

Die anderen sind einverstanden, und so nehmt ihr eure Wanderung durch die Stollen wieder auf.

»Aber mal ehrlich«, flüstert Romain dir zu. »Merlins Grab: Wie cool ist das denn!«

Gehe zu 172

Du wirfst den Ratten dein Sandwich hin.

Die drehen daraufhin vollkommen durch. Unter wildem Quieken und Fauchen kämpfen sie um jeden Bissen. Und es kommen immer noch welche hinzu.

Das ist zu viel für Karim: Von Panik überwältigt, macht er auf dem Absatz kehrt und stürmt durch den Stollen davon.

»Wo will er denn hin?«, ruft Romain. »Er wird sich noch verletzen!«

Euch bleibt nichts anderes übrig, als ihm zu folgen. Vielleicht könnt ihr ihn ja noch rechtzeitig einholen.

Gehe zu 202

231

Deinem Plan entsprechend bleibt Karim zurück, um den Feind in der Dunkelheit abzupassen. Als Jordan sich nähert, tippt er Romain auf die Schulter, damit er Jordan aufs Handgelenk schlägt und ihn entwaffnet.

Doch vom Lärm einer vorbeifahrenden U-Bahn gestört, verpasst Karim den richtigen Moment und der Schlag von Romain geht daneben. Er muss sich ergeben, ebenso wie Bérénice.

Du beobachtest diese schmähliche Niederlage aus der Ferne und beschließt, dich aus Solidarität mit deinen Freunden ebenfalls zu ergeben.

Gehe zu 88

234

Deinem Plan entsprechend bleibt Karim zurück, um den Feind in der Dunkelheit abzupassen. Als Jordan sich nähert, tippt er Romain auf die Schulter, damit er Jordan aufs Handgelenk schlägt und ihn entwaffnet.

Doch vom Lärm einer vorbeifahrenden U-Bahn gestört, verpasst Karim den richtigen Moment und der Schlag von Romain geht daneben. Er muss sich ergeben, ebenso wie Yun.

Du beobachtest diese schmähliche Niederlage aus der Ferne und beschließt, dich aus Solidarität mit deinen Freunden ebenfalls zu ergeben.

Gehe zu 88

»Aua!« In der Dunkelheit hast du dich an einer Wand gestoßen.

»Vielleicht solltest du die Taschenlampe jetzt wieder einschalten?«, schlägt Yun dir vor.

241

Deinem Plan entsprechend bleibt Karim zurück, um den Feind in der Dunkelheit abzupassen. Als Jordan sich nähert, tippt er Yun auf die Schulter, damit sie Jordan mit dem Schraubenzieher aufs Handgelenk schlägt und ihn entwaffnet.

Doch vom Lärm einer vorbeifahrenden U-Bahn gestört, verpasst Karim den richtigen Moment und der Schlag von Yun geht daneben. Sie muss sich ergeben, ebenso wie Bérénice.

Du beobachtest diese schmähliche Niederlage aus der Ferne und beschließt, dich aus Solidarität mit deinen Freunden ebenfalls zu ergeben.

Gehe zu 88

243

Deinem Plan entsprechend bleibt Karim zurück, um den Feind in der Dunkelheit abzupassen. Als Jordan sich nähert, tippt er Yun auf die Schulter, damit sie Jordan mit dem Schraubenzieher aufs Handgelenk schlägt und ihn entwaffnet.

Doch vom Lärm einer vorbeifahrenden U-Bahn gestört, verpasst Karim den richtigen Moment und der Schlag von Yun geht daneben. Sie muss sich ergeben, ebenso wie Romain.

Du beobachtest diese schmähliche Niederlage aus der Ferne und beschließt, dich aus Solidarität mit deinen Freunden ebenfalls zu ergeben.

Gehe zu 88

Du knipst deine Lampe wieder an, damit ihr in den engen, rutschigen Gängen etwas schneller vorankommt. Jeder Geek, in deinem Fall Karim, hat eine Hand auf die Schulter des Vordermanns gelegt. So könnt ihr euch genügend Vorsprung verschaffen, um unbemerkt in einen Seitengang einzubiegen.

Dort wartet ihr keuchend ab, bis die Männer an euch vorbei sind. Während dein Atem sich langsam beruhigt, hörst du, wie die Stimmen wieder näher kommen, und kannst sogar einige Sätze verstehen. Ein eisiger Schauer läuft dir über den Rücken.

»Ich sag dir doch, hier ist jemand langgegangen!«, knurrt eine raue Stimme.

»Wer soll sich hier unten denn schon rumtreiben?«, antwortet eine andere, die eher wehleidig klingt. *»Außer uns kennt doch niemand den Zugang.«*

»Diese dämliche Lana Blum hat doch in der Schülerzeitung alles ausgeplaudert. Vielleicht hat sie irgendwelche anderen Idioten damit neugierig gemacht. Wir dürfen auf keinen Fall zulassen, dass hier irgendwer rumschnüffelt.«

»Und wenn wir tatsächlich jemanden finden?«

Als Antwort ist nur ein metallisches Klicken zu hören.

»Die sind bewaffnet!«, flüstert Yun mit bebender Stimme. »So klingt es, wenn eine Pistole gespannt wird!«

Eiseskälte legt sich über eure Gruppe.

Zum Glück entfernen sich die Stimmen jetzt wieder und werden schließlich vom Rauschen des Wassers übertönt.

»Meint ihr nicht, es wird Zeit, die Sache aufzugeben?«, fragt Karim.

»Hör doch mal auf, hier ständig Panik zu verbreiten«, beschwert sich Romain. »Wir sind schließlich die Escape-Geeks!«

»Hast du denn nicht gehört? Die sind bewaffnet! Glaubst du etwa im Ernst, ein paar Schüler könnten es mit solchen gefährlichen Typen aufnehmen? Bin ich etwa der Einzige, der so denkt?«

Das Argument zeigt Wirkung. Alle schweigen bedrückt. Auch du bist unschlüssig, ob ihr weitermachen sollt oder nicht.

Schließlich ergreift Bérénice das Wort: »Wenn wir der Nachricht auf dem Rechner Glauben schenken, haben diese Leute einen der Ihren umgebracht oder zumindest eingesperrt.«

»Na eben!«, ereifert sich Karim. »Willst du etwa riskieren, dass sie mit uns dasselbe tun?«

Bérénice schüttelt unwillig den Kopf.

»Das meinte ich nicht. Aber sobald diese Typen in ihr Hauptquartier zurückkehren, werden sie doch merken, dass wir dort waren und die Disketten entdeckt haben. Vielleicht sind sie gerade schon dabei, sämtliche Spuren zu verwischen! Wenn wir es nicht schaffen, ihnen ihre Taten zu beweisen, brauchen sie nur alles zu leugnen und kommen ungeschoren davon.«

»Da hat sie recht.« Romain nickt.

»Wie wärs, wenn wir abstimmen?«, schlägt Karim vor. »Wer ist dafür, dass wir umkehren?«

Karim und Yun heben die Hand.

»Wer ist dafür, weiterzumachen?«

Nun heben Bérénice und Romain die Hand.

Gleichstand. Alle Blicke richten sich auf dich. Von deiner Entscheidung hängt jetzt alles ab.

Wofür stimmst du?
Mit Yun und Karim fürs Umkehren?
Oder mit Bérénice und Romain fürs Weitermachen?

253

Du gibst den Ausschlag Richtung Abenteuer. Niemand erhebt Einwände. Alle vertrauen dir, sogar jetzt noch, wo du an dir selbst zweifelst.

Ihr setzt also eure Wanderung durch das unterirdische Labyrinth fort. Du übernimmst die Führung, weil du dich verantwortlich fühlst.

Nach einer Weile stoßt ihr wieder auf ein Loch, das jemand kurzerhand mit dem Hammer in die Tunnelwand geschlagen hat. Im Schutt, der einfach liegen gelassen wurde, entdeckst du die frischen Abdrücke schwerer Springerstiefel. Offenbar sind auch die beiden Männer hier entlanggegangen.

Du steckst den Kopf durch das Loch und lauschst. Bis auf das unablässige Rauschen des Wassers ist nichts zu hören – außer euch scheint niemand hier zu sein.

Du holst tief Luft und machst einen großen Schritt über den Schutthaufen hinweg. Im ersten Moment findest du auf der anderen Seite keinen Halt, aber Romain hat dich schon gepackt und stützt dich beim Runterklettern. Sein kräftiger Arm gibt dir Sicherheit. Sobald du drüben Fuß gefasst hast, lässt du den Strahl der Lampe über deine Umgebung gleiten.

»Wir sind in der Kanalisation!«, rufst du den anderen zu, die jetzt auch vorsichtig über den Schutthaufen klettern. »Direkt über uns muss eine Straße sein.«

Du stehst in einem Abwasserkanal, in den das Schmutzwasser aus den umliegenden Gebäuden fließt. Er ist eiförmig und etwa anderthalb Meter breit.

Ein Blick auf dein Handy zeigt dir, dass man auch hier keinen Empfang hat.

»Nicht so laut«, flüstert Karim. »Sonst hört uns noch jemand!«

»Bei diesem Getöse wohl kaum«, merkt Bérénice in normaler Lautstärke an.

»Oh Gott! Was für ein Gestank!« Yun, die jetzt auch durch das Loch geklettert ist, rümpft angewidert die Nase.

»Echt eklig«, bestätigt Romain, der als Letzter zu euch stößt.

Du wendest dich zum Gehen, aber der Tunnel ist so schmal, dass euch nichts anderes übrig bleibt, als durch die übel riechende Brühe zu waten. Noch dazu laufen mehrere Rohre an seiner Decke entlang, sodass ihr die ganze Zeit gebückt gehen müsst, um nicht dagegen zu stoßen.

Feuchtigkeit sickert dir in die Schuhe. Die kannst du wohl wegschmeißen, wenn du wieder zu Hause bist. Zum Glück mündet euer Zulauf schon bald in einen größeren Kanal von fast drei Metern Breite, der von links nach rechts an euch vorbeifließt. Er ist zu beiden Seiten von einer schmalen Kante gesäumt, auf der man im Trockenen laufen kann. Erleichtert steigst du hinauf und schaust dich um. Welche Richtung sollt ihr einschlagen?

»Da ist ja eine Rune geritzt«, sagt Karim.

Er zeigt auf ein eingeritztes ᛚ an der Wand gegenüber.

»Ich glaube, das ist die Rune namens ›Laguz‹, was so viel wie ›Wasserfall‹ oder ›Ozean‹ bedeutet. In unserem Alphabet entspricht es dem Buchstaben ›L‹«, erklärt er.

»Also, wo gehen wir lang?«
Und wieder liegt die Entscheidung bei dir …

Entscheidest du dich für links, gehe zu 258
Entscheidest du dich für rechts, gehe zu 259

Schweren Herzens stimmst du fürs Umkehren. Die Sache droht euch über den Kopf zu wachsen – die Escape-Geeks werden schon noch andere Gelegenheiten finden, mit ihren Fähigkeiten zu glänzen …

Gehe zu 222

258

Du wendest dich nach links, doch schon nach der nächsten Biegung versperrt euch ein sehr solides, schmiedeeisernes Gitter den Weg.

»Jetzt wissen wir, was die Rune zu bedeuten hat«, ärgert sich Bérénice. »Man soll natürlich der Strömung folgen, in Richtung Meer ...«

Wortlos machst du kehrt.

Gehe zu 259

Du wendest dich nach rechts.

Schon bald kreuzt euer Weg einen weiteren Tunnel, an dessen gewölbter Decke gewaltige Metallrohre entlanglaufen. Diesmal befindet ihr euch in einem Hauptabwasserkanal von bald sechs Metern Breite. Die Abflussrinne in der Mitte beansprucht etwa die Hälfte davon. Ihr könnt auf den Seitenrändern laufen, fast im Trockenen. Angewidert musterst du die bräunliche Brühe, die immer noch den Saum deiner Jeans durchfeuchtet.

»Ich finde, wir sind echte Helden«, murmelt Yun, die schon die ganze Zeit auf Zehenspitzen läuft, wie eine Balletttänzerin.

Da kannst du ihr nur zustimmen.

An den Wänden verlaufen breite Kabelschächte, die mit spitzen Metallhaken befestigt sind. Man muss gut aufpassen, um nicht an ihnen hängen zu bleiben.

»Othil hat offenbar kein Problem damit, sich in der Kanalisation bei den Ratten zu verstecken«, spöttelt Bérénice.

»Während sie gleichzeitig alle anderen als ›Ungeziefer‹ bezeichnen«, fügt Karim hinzu.

»Seid ihr eigentlich gegen Tetanus geimpft?«, fragt Bérénice. »Ich möchte nicht wissen, was in dieser Brühe alles rumschwimmt …«

»Irgendwo hab ich mal gelesen, dass die Lebenserwartung eines Kanalarbeiters weit unter dem Bevölkerungsdurchschnitt liegt«, sagt Karim erschauernd. »Sobald wir nach Hause kommen, sehe ich in meinem Impfpass nach.«

Während ihr weitergeht, hast du den Eindruck, als würde der Wasserstand immer weiter sinken, obwohl der Boden doch nur minimal abfällt. Was hat dieses seltsame Phänomen zu bedeuten? Du gehst etwas langsamer und spitzt die Ohren.

Das Wasserrauschen hinter euch schwillt immer mehr an.

»Klingt so, als käme irgendwas hinter uns her«, sagt Romain.

Das gefällt dir überhaupt nicht. Zumal dieser Kanal nirgends einen Ausgang hat ...

Gehst du vorsichtig weiter?
Oder beschleunigst du deinen Schritt?

Du läufst vorsichtig weiter und bleibst im letzten Moment vor einer Eisenkette stehen, die über den schmalen Gehweg gespannt ist. Um ein Haar wärst du darüber gestolpert!

»Vorsicht! Hier ist was im Weg!«

Du steigst über die Kette hinweg. Deine Freunde tun es dir nach.

»Äh, ich will ja nicht drängeln«, sagt Romain, »aber dieses Rauschen hinter uns kommt immer näher.«

Ungeduldig wendest du dich um und der Strahl deiner Taschenlampe erfasst eine hohe schwarze Welle, die über die ganze Breite des Kanals auf euch zurollt.

»Oh Gott, was ist das?«

»Keine Ahnung!«, ruft Karim und trabt schon los. »Sieht jedenfalls nicht gut aus!«

Diesmal habt ihr keine Zeit mehr zu verlieren: Ihr rennt, so schnell ihr könnt!

265

In blinder Panik stürmst du los. Schade: Im tanzenden Licht der Taschenlampe übersiehst du die Eisenkette, die quer über den Weg gespannt ist. Du rennst dagegen, fällst vornüber und knallst mit dem Kopf auf den Boden. Ein stechender Schmerz durchfährt dich.

Im nächsten Moment hat euch die Schmutzwasser-Welle auch schon erreicht und reißt euch alle mit.

Halb bewusstlos treibst du dahin, bis dich jemand aus dem Wasser zieht.

Gehe zu 36

»Das ist ja wie bei Lara Croft!«, ruft Romain begeistert.

In vollem Sprint rennt ihr den schmalen Steg entlang, immer bemüht, nicht ins Wasser zu fallen oder an irgendwelchen Haken hängen zu bleiben, die überall aus den Wänden ragen. Zum Glück ist der Weg jetzt frei und niemand verletzt sich.

Im letzten Moment erreicht ihr einen großen Raum, in den auch zahllose andere Kanäle münden. Eine schmale Treppe führt seitlich an der Schachtwand nach oben. Mit letzter Kraft stürmt ihr hinauf und die Welle rollt gefahrlos unter euch hinweg.

»Was war denn das? Haben die Leute von Othil irgendwo eine Schleuse geöffnet?«, fragt Karim.

»Nein, ich nehme an, das waren die Kanalarbeiter«, erwidert Yun. »Die schicken routinemäßig solche Spülwellen durch die Kanäle, um Feststoffe wegzuschwemmen, die wegen des geringen Gefälles immer mal liegen bleiben.«

»Aber solchen Wellen sind doch supergefährlich!«

»Nur, wenn sich hier unten jemand rumtreibt, der hier eigentlich nichts zu suchen hat. Mit uns konnten sie ja nun wirklich nicht rechnen.«

Du stößt einen Seufzer der Erleichterung aus. Hätte die Welle euch erwischt, wärt ihr alle komplett durchnässt und euer Abenteuer zu Ende gewesen, ganz zu schweigen vom Ekelfaktor der Angelegenheit.

Du nimmst dir jetzt erstmals Zeit, einen Blick in die Runde zu werfen. Die Decke der Halle wird von weiß gestrichenen Metallträgern gestützt und aus allen Richtungen münden Kanalöffnungen in ein gewaltiges Sammelbecken. Der Raum wirkt wie eine Echokammer, in der das leiseste Plätschern des Wassers endlos zurückgeworfen wird.

»Tja, ich fürchte, hier kommen wir nicht weiter«, sagst du niedergeschlagen.

Mehr als ein halbes Dutzend Ausgänge sind im Licht der Taschenlampe sichtbar. Wenn ihr die der Reihe nach ausprobieren müsst, werdet ihr euch unter Garantie verlaufen.

Bei genauerem Hinsehen bemerkst du jedoch oberhalb dieser Zuflüsse eine ganze Reihe von Zeichen.

»Schon wieder Runen«, murmelt Karim. »Bloß gut, dass ich mir das Alphabet vor unserer Expedition noch notiert habe ...«

Yun hat schon angefangen, die Symbole eines nach dem anderen in den Staub zu malen, damit ihr sie alle gleichzeitig vor Augen habt:

ᚠOᚢOᛗOᚾOᚠOᛉOᚹOᛇOᛗOᛚOᚨ

»Noch eine verschlüsselte Botschaft«, seufzt Romain. »So was ist echt nicht mein Ding. Außerdem macht mich dieses ewige Geplätscher nervös.«

»Schon, aber das ist vermutlich unsere einzige Chance, diesem widerlichen Gestank zu entkommen«, entgegnet Yun.

Du beugst dich über die Runenreihe. Die Othil-Rune

kennst du schon, aber was haben all die anderen zu bedeuten? Ob Karim sie übersetzen kann?

Einen ersten Hinweis erhältst du von Romain,
einen zweiten von Karim,
die Erklärung von Yun
und die Lösung von Bérénice

271

»Ist doch ganz leicht«, sagt Bérénice nach einem Blick auf das Runenalphabet. »Ich lese da: ›fünf zwölf‹. Vielleicht meint das die Nummer des Tunnels, den man nehmen soll.«

Und in der Tat, als ihr genauer hinschaut, trägt einer der Zuflüsse die Nummer **512**.

Gehe zu 512

»Hier«, sagt Karim. »Das sind meine Notizen zum Runenalphabet. Guck doch einfach mal nach.«

Gehe zurück zu 270

273

»Ich glaube, diese O-Runen haben gar keine Bedeutung, das sind quasi nur Leerzeichen. Vielleicht muss man die einfach rausstreichen ...«

Gehe zurück zu 270

Yun ergreift das Wort: »Wenn man die O-Runen wegstreicht, ergibt das: ᚠ ᚢ ᛗ ᚾ ᚠ ᛉ ᚹ Ↄ ᛗ ᛚ ᚨ.«

Gehe zurück zu 270

Deine Freunde seilen sich einer nach dem anderen ebenfalls ab. Sie haben mehr Glück als du und erreichen problemlos den Boden, selbst Yun, die bei ihrem Abstieg ungeahnte Kräfte an den Tag legt.

Romain entschuldigt sich zerknirscht.

»Tut mir echt leid, Alex. Irgendwann konnte ich dich nicht mehr halten!«

Aber du hörst gar nicht hin. Dein Blick schweift über den mit Knochen bedeckten Boden um euch herum. Nach der Enge und den stinkenden Kanälen jetzt auch noch das: riesige Knochenhaufen! Bis zu den Knien versinkst du darin. Noch dazu macht es im zuckenden Licht der Taschenlampe den Eindruck, als bewegten sie sich.

Wieder steigt Panik in dir auf!

Welcher deiner Freunde kann dir in diesem schwierigen Moment wohl am besten helfen?

301

»Macht doch nichts, Alex!«, ruft Bérénice, die dir deine Panik ansieht. »Ich hab auch Angst, aber ich fühl mich dann immer gleich viel lebendiger. Du nicht?«

»Nee, überhaupt nicht«, erwiderst du.

»Und sonst sag ich mir zur Beruhigung immer sämtliche Nachkommastellen der Zahl Pi auf.«

»Ich glaube kaum, dass mir das helfen wird …«

Gehe zurück zu 300

302

»Wenn du schon Angst hast, was soll ich dann sagen?«, ruft Karim. »Diese Ratten haben mich echt geschafft. Ganz zu schweigen von den ganzen Keimen hier unten.«

Von außen wirkt Karim immer so gelassen, aber dir wird klar, dass er schon seit Längerem – sicher aus Angst vor Ansteckung – jede Berührung mit seiner Umgebung meidet und meist nur noch vor sich auf den Boden starrt, als wollte er alles um sich herum am liebsten ausblenden.

Der kann dir also auch nicht helfen.

Gehe zurück zu 300

»Na komm, jetzt reiß dich mal zusammen.« Mit einem gezwungenen Lachen klopft dir Romain auf den Rücken. »Wir sind schließlich die Escape-Geeks!«

Wie ein Escape-Geek fühlst du dich gerade überhaupt nicht. Am liebsten würdest du heulend nach Hause rennen.

Gehe zurück zu 300

304

»Wusstest du«, sagt Yun mit ihrer sanften Stimme, »dass man die Leute bis ins 18. Jahrhundert hinein mitten in Paris begraben hat? Das war schrecklich, weil es irgendwann so viele Leichen gab, dass ringsherum alles verseucht war. Das Obst wurde schon nach Tagen schimmelig und der Wein zu Essig. Daraufhin hat man den Großteil der Friedhöfe geschlossen und die alten Steinbrüche als Katakomben genutzt. An diesen Teil hier kann ich mich gar nicht erinnern, der ist sicher nicht öffentlich zugänglich. Hier hat man die Gebeine wohl einfach durch die Schächte reingeworfen und dann schnell wieder zugemacht. Aber im öffentlichen Teil gibt es viele Bereiche, wo sie die Knochen ordentlich aufgestapelt haben.«

Bei diesen Worten fühlst du dich gleich etwas besser. Die klaren, nüchternen Fakten üben eine beruhigende Wirkung aus. Den Escape-Geeks geht schließlich nichts über Kultur!

Du atmest tief durch und beschließt, deine Wanderung auch inmitten von Knochenhaufen fortzusetzen. Selbst Karim wirkt etwas entspannter. »Die Katakomben wollte ich mir schon immer mal genauer ansehen«, murmelt er. »Wahre Romantiker sind vom Tod fasziniert.«

»Ob hier auch irgendwo Gilbert dabei ist?«, fragt Romain, nicht ganz so unbeschwert wie sonst.

Du antwortest nicht, aber es gibt wohl kaum einen besseren Ort, um eine Leiche zu verstecken.

Kein Mensch würde sich die Mühe machen, Tausende DNA-Analysen durchzuführen, um ihn hier ausfindig zu machen.

Durch diese Knochenhaufen zu waten, ist nicht sehr angenehm. Mehrmals brechen welche unter deinen Füßen. Schließlich mündet euer Stollen in einen anderen langen Gang, dessen Mitte von gewaltigen Pfeilern eingenommen wird, fast so, als hätte man den Gang um sie herum gegraben.

»Jetzt sind wir in den ehemaligen Kalksteinbrüchen«, erklärt Yun. »Die Bergleute haben immer zwei Stollen parallel gegraben und in der Mitte diese Streben stehen lassen, um damit die Decke abzustützen. Die wurde von den Ingenieuren übrigens ›der Himmel‹ genannt. Und den Abfall haben sie einfach liegen gelassen. Wir laufen hier bestimmt auf fast einem Meter Schutt.«

»Immer noch besser als auf Knochen«, knurrt Romain.

Der Stollen ist breiter geworden und ihr könnt wieder freier atmen. Anscheinend nähert ihr euch dem öffentlich zugänglichen Teil der Katakomben, denn wie von Yun angekündigt sieht hier alles viel aufgeräumter aus.

Kurz darauf erweitert sich der Gang zu einer Halle, an deren Wänden die Schädel und Knochen sorgfältig und in unterschiedlichen Mustern aufgestapelt sind.

Wohin du auch deine Lampe richtest, überall siehst du grinsende Fratzen.

Romain schaut sich ratlos um. »Und wie gehts jetzt weiter?«

Gute Frage. Du suchst den Boden nach Spuren ab, aber es sieht nicht so aus, als sei hier in letzter Zeit jemand vorbeigekommen.

Das Einzige, was du schließlich entdeckst, ist eine kleine Tafel an der Wand mit der Aufschrift:

DER HIMMEL HILFT DIR.

»Na super!«, knurrt Bérénice. »Sollen wir jetzt etwa eine Kerze anzünden?«

»Ich hab wirklich eine dabei«, sagt Yun. »Mit Zimtduft.«

»Die Taschenlampe ist doch viel heller …«

»Vielleicht müssen wir beten«, schlägt Karim vor. »Wie bei Indiana Jones: ›Nur der bußfertige Mann wird bestehen …‹«

»Ich glaube«, sagt Romain, »das bezieht sich auf ein Sprichwort, das lautet: ›Hilf dir selbst, dann hilft dir der Himmel.‹ Vielleicht muss man gegen die Tafel drücken?«

Bérénice spitzt plötzlich die Ohren.

»Ich glaube, da kommt jemand. Schnell, Alex, was sollen wir tun?«

Drückst du auf die Tafel, dann gehe zu 310
Kniest du dich hin und betest, dann gehe zu 320
Zündest du eine Kerze an, dann gehe zu 330

Mit aller Kraft stemmst du dich gegen die Tafel, unterstützt von Romain. Nach ein paar Sekunden scheint sie sich tatsächlich zu bewegen.

»Ich glaub, jetzt tut sich was.«

Da lässt der Widerstand plötzlich nach. Nicht nur die Tafel, auch die umliegenden Steine geben nach und brechen aus der Mauer heraus.

Während Romain sich gerade noch retten kann, stolperst du nach vorn und in Berge von Knochen hinein. Im Fallen trifft dich auch noch etwas Schweres an der Schläfe.

Dir wird schwarz vor Augen.

Gehe zu 36

312

Deinem Plan entsprechend bleibt Romain zurück, um den Feind in der Dunkelheit abzupassen. Als Jordan sich nähert, tippt er Bérénice auf die Schulter, damit sie Jordan mit dem Schraubenzieher aufs Handgelenk schlägt und ihn entwaffnet.

Doch vom Lärm einer vorbeifahrenden U-Bahn gestört, verpasst Romain den richtigen Moment und der Schlag von Bérénice geht daneben. Sie muss sich ergeben, ebenso wie Karim.

Du beobachtest diese schmähliche Niederlage aus der Ferne und beschließt, dich aus Solidarität mit deinen Freunden ebenfalls zu ergeben.

Gehe zu 88

Du glaubst, deine Freunde gut ausgewählt zu haben. Aber du bist dir noch unsicher, welche Rolle jeder von ihnen übernehmen soll.

Dass Romain den Feind in der Dunkelheit abpassen soll, erscheint dir keine gute Idee. Sein ausgeprägter Geschmackssinn wird ihm nicht dabei helfen, den Feind in der Dunkelheit wahrzunehmen.

Und ob Bérénice die Richtige ist, um einen Schrank wie Jordan zu entwaffnen?

Allerdings scheint Yun wiederum bestens geeignet, dem Trio den Weg durch die Katakomben zu weisen ...

Du bist schon ganz nahe dran.

Gehe zurück zu 823

320

Ihr kniet euch hin und betet. Schon nach kurzer Zeit zeichnet sich vor deiner Nase ein metallisch glänzender Gegenstand in der Dunkelheit ab.

Gehe zu 88

321

Deinem Plan entsprechend bleibt Romain zurück, um den Feind in der Dunkelheit abzupassen. Als Jordan sich nähert, tippt er Karim auf die Schulter, damit er Jordan mit dem Schraubenzieher aufs Handgelenk schlägt und ihn entwaffnet.

Doch vom Lärm einer vorbeifahrenden U-Bahn gestört, verpasst Romain den richtigen Moment und der Schlag von Karim geht daneben. Er muss sich ergeben, ebenso wie Bérénice.

Du beobachtest diese schmähliche Niederlage aus der Ferne und beschließt, dich aus Solidarität mit deinen Freunden ebenfalls zu ergeben.

Gehe zu 88

324

Deinem Plan entsprechend bleibt Romain zurück, um den Feind in der Dunkelheit abzupassen. Als Jordan sich nähert, tippt er Karim auf die Schulter, damit er Jordan mit dem Schraubenzieher aufs Handgelenk schlägt und ihn entwaffnet.

Doch vom Lärm einer vorbeifahrenden U-Bahn gestört, verpasst Romain den richtigen Moment und der Schlag von Karim geht daneben. Er muss sich ergeben, ebenso wie Yun.

Du beobachtest diese schmähliche Niederlage aus der Ferne und beschließt, dich aus Solidarität mit deinen Freunden ebenfalls zu ergeben.

Gehe zu 88

Du nimmst das Feuerzeug, das Yun dir reicht, und zündest die Kerze an. Ihr Licht ist schwach, aber als du sie hochhältst, um die Umgebung zu beleuchten, bemerkst du gleich über deinem Kopf eine breite schwarze Linie.

»Na klar!«, ruft Yun. »Früher liefen die Leute hier nur mit Kerzen herum. Also brauchten sie keine Hinweisschilder auf dem Boden, sondern an der Decke! Und die wurde ja oft als ›der Himmel‹ bezeichnet.«

Ohne zu warten, folgst du der mit Teer gezeichneten Linie und entdeckst ein paar Meter weiter einen Pfeil, der euch den Weg weist. Und so verlasst ihr die Halle mit den Knochen wieder und geht durch einen langen, schmalen Stollen.

Es war gut, dass ihr so schnell aufgebrochen seid: Die Stimmen hinter euch werden immer leiser. Die Gefahr ist vorbei. Jedenfalls fürs Erste.

Die schwarze Linie endet schließlich vor einer beeindruckenden Skulptur, die direkt in den Felsen gemeißelt wurde. Darüber ist auch eine Inschrift zu lesen:

QUARTIER DE CAZERNE

Das Relief ist offenbar schon älteren Datums und zeigt die Fassade eines stattlichen Gebäudes mit Säulen und Fenstern, zu dem eine riesige, auf Bögen ruhende Auffahrt hinaufführt. Alles ist bis ins kleinste Detail ausgearbeitet.

Auf dem Boden davor, der aus schachbrettartig angeordneten Platten aus schwarzem Feuerstein und weißem Kalkstein besteht, findest du zu deiner Überraschung ein Quadrat mit neun Feldern eingeritzt.

»Ganz schön gerissen, die Jungs von Othil«, sagt Bérénice. »Endlich mal ein mathematisches Problem.«

Einen ersten Hinweis erhältst du von Bérénice,
einen zweiten von Romain,
die Erklärung von Karim
und die Lösung von Yun

Bérénice stößt einen Seufzer aus, genervt von eurer Langsamkeit.

»Ist doch ganz einfach! Man muss die Zahlenfelder ausfüllen, und dann zeigt uns die Zahl, die sich in dem dunkel markierten Feld ergibt, welchen Weg wir nehmen müssen. Na los, das kriegt ihr doch wohl raus, oder? Ich hab die Lösung schon gefunden ...«

Gehe zurück zu 330

332

Hinter seinem Vorhang aus Haaren runzelt Karim die Stirn.

»Wenn ihr mich fragt, muss die Quersumme in jeder Zeile und Spalte 15 ergeben. Die erste Zahl, die man finden muss, ist also die 8, weil 4 + 3 + 8 = 15 ergibt. Und so macht man dann weiter.«

Gehe zurück zu 330

Romains Gesicht hellt sich plötzlich auf.

»Das ist ein magisches Quadrat, oder? Jede Zahl darf nur einmal auftauchen, und jede Spalte muss dieselbe Quersumme ergeben! Wie bei den Sudokus meiner Oma.«

Er nickt stolz. »Sie versorgt mich auch immer mit neuen Rezepten.« Um dann seufzend hinzuzufügen:

»Hoffentlich sind wir bis zum Frühstück wieder zu Hause.«

Gehe zurück zu 330

334

Yun kommt dir zu Hilfe: »Also, dann sind wir uns wohl einig, dass die **9** in das schwarze Feld gehört?«

Du glaubst, deine Freunde gut ausgewählt zu haben. Aber du bist dir noch unsicher, welche Rolle jeder von ihnen übernehmen soll.

Dass Romain den Feind in der Dunkelheit abpassen soll, erscheint dir keine gute Idee. Sein ausgeprägter Geschmackssinn wird ihm nicht dabei helfen, den Feind in der Dunkelheit wahrzunehmen.

Und ob Yun die Richtige ist, um einen Schrank wie Jordan zu entwaffnen? Ganz zu schweigen davon, dass Bérénice sich hier unten überhaupt nicht auskennt ...

Jeder und jede von ihnen hat seine besonderen Fähigkeiten – die solltest du dir zunutze machen.

Gehe zurück zu 823

342

Deinem Plan entsprechend bleibt Romain zurück, um den Feind in der Dunkelheit abzupassen. Als Jordan sich nähert, tippt er Yun auf die Schulter, damit sie Jordan mit dem Schraubenzieher aufs Handgelenk schlägt und ihn entwaffnet.

Doch vom Lärm einer vorbeifahrenden U-Bahn gestört, verpasst Romain den richtigen Moment und der Schlag von Yun geht daneben. Sie muss sich ergeben, ebenso wie Karim.

Du beobachtest diese schmähliche Niederlage aus der Ferne und beschließt, dich aus Solidarität mit deinen Freunden ebenfalls zu ergeben.

Gehe zu 88

Deinem Plan entsprechend bleibt Yun zurück, um den Feind in der Dunkelheit abzupassen. Als Jordan sich nähert, tippt sie Bérénice auf die Schulter, damit sie Jordan mit dem Schraubenzieher aufs Handgelenk schlägt und ihn entwaffnet.

Doch vom Lärm einer vorbeifahrenden U-Bahn gestört, verpasst Yun den richtigen Moment und der Schlag von Bérénice geht daneben. Sie muss sich ergeben, ebenso wie Karim.

Du beobachtest diese schmähliche Niederlage aus der Ferne und beschließt, dich aus Solidarität mit deinen Freunden ebenfalls zu ergeben.

Gehe zu 88

413

Du glaubst, deine Freunde gut ausgewählt zu haben. Aber du bist dir noch unsicher, welche Rolle jeder von ihnen übernehmen soll.

Dass Yun den Feind in der Dunkelheit abpassen soll, erscheint dir keine gute Idee. Ihr Geruchssinn wird ihr wohl kaum dabei helfen.

Und ob Bérénice die Richtige ist, einen Kerl wie Jordan zu entwaffnen? Und dann Romain, der sich hier unten doch überhaupt nicht auskennt ...

Vielleicht solltest du lieber noch mal darüber nachdenken.

Gehe zurück zu 823

Deinem Plan entsprechend bleibt Yun zurück, um den Feind in der Dunkelheit abzupassen. Als Jordan sich nähert, tippt sie Karim auf die Schulter, damit er Jordan mit dem Schraubenzieher aufs Handgelenk schlägt und ihn entwaffnet.

Doch vom Lärm einer vorbeifahrenden U-Bahn gestört, verpasst Yun den richtigen Moment und der Schlag von Karim geht daneben. Er muss sich ergeben, ebenso wie Bérénice.

Du beobachtest diese schmähliche Niederlage aus der Ferne und beschließt, dich aus Solidarität mit deinen Freunden ebenfalls zu ergeben.

Gehe zu 88

423

Deinem Plan entsprechend bleibt Yun zurück, um den Feind in der Dunkelheit abzupassen. Als Jordan sich nähert, tippt sie Karim auf die Schulter, damit er Jordan mit dem Schraubenzieher aufs Handgelenk schlägt und ihn entwaffnet.

Doch vom Lärm einer vorbeifahrenden U-Bahn gestört, verpasst Yun den richtigen Moment und der Schlag von Karim geht daneben. Er muss sich ergeben, genau wie Romain.

Du beobachtest diese schmähliche Niederlage aus der Ferne und beschließt, dich aus Solidarität mit deinen Freunden ebenfalls zu ergeben.

Gehe zu 88

»Seht euch das an!«, ruft Bérénice und zeigt auf etwas, das wie ein Zeitplan aussieht. Links steht eine Reihe von Vornamen: Florian, Steeve, Marion, Bruno, Louis, Jean-Lin und Jordan, dazu noch einige weitere, die man nicht entziffern kann. Rechts daneben jeweils ein Datum, so ähnlich wie in den öffentlichen Toiletten, wo der Putzdienst jede Reinigung auf einer Liste notiert.

»Einmal die Woche kommt einer von ihnen her«, stellt Bérénice fest. »Nicht ganz regelmäßig, aber zwischen zwei Eintragungen liegen nie mehr als acht Tage. Nur das letzte Mal ist schon länger her.«

In der ganz rechten Spalte stehen ein paar seltsame Abkürzungen und daneben immer ein S.

»Was hat denn dieses S zu bedeuten?«, fragt Bérénice.

»S wie Sauerstoff?«, stößt Karim keuchend hervor. »Diese Bunker wurden doch auch zum Schutz gegen Gasangriffe gebaut. Es kommt mir vor, als würde ich nicht nur den Generator antreiben, sondern auch für Luftaustausch sorgen. Wär übrigens nett, wenn ihr euch ein bisschen beeilt, ich werde langsam müde.«

Gehe zurück zu 502

431

Du glaubst, deine Freunde gut ausgewählt zu haben. Aber du bist dir noch unsicher, welche Rolle jeder von ihnen übernehmen soll.

Dass Yun den Feind in der Dunkelheit abpassen soll, erscheint dir keine gute Idee. Ihr Geruchssinn wird ihr wohl kaum dabei helfen.

Allerdings scheint Romain wiederum bestens geeignet, einen Kerl wie Jordan zu entwaffnen. Aber Bérénice kennt sich hier unten überhaupt nicht aus ...

Da fällt dir sicher noch was Besseres ein.

Gehe zurück zu 823

432

Deinem Plan entsprechend bleibt Yun zurück, um den Feind in der Dunkelheit abzupassen. Als Jordan sich nähert, tippt sie Romain auf die Schulter, damit er Jordan mit dem Schraubenzieher aufs Handgelenk schlägt und ihn entwaffnet.

Doch vom Lärm einer vorbeifahrenden U-Bahn gestört, verpasst Yun den richtigen Moment und der Schlag von Romain geht daneben. Er muss sich ergeben, genau wie Karim.

Du beobachtest diese schmähliche Niederlage aus der Ferne und beschließt, dich aus Solidarität mit deinen Freunden ebenfalls zu ergeben.

Gehe zu 88

438

An der linken Wand bemerkst du mehrere Plakate. Auf einem ist der Eiffelturm zu sehen, auf einem anderen ein Bateau-Mouche, eins der typischen Fahrgastschiffe in Paris. Auf dem Boden davor liegen einige Postkarten verstreut. Du erkennst den Friedhof Père-Lachaise, das Palais Garnier, Notre-Dame de Paris und das Schloss von Versailles ... Welche Verbindung gibt es zwischen diesen Sehenswürdigkeiten? Die Leute von Othil sind ja wohl keine Touristen.

»Habt ihr gesehen?«, fragt Bérénice. »Am Fuß des Eiffelturms ist ein Kreuz eingezeichnet.«

»Meinst du, sie planen da irgendwas Schlimmes?«, fragt Yun mit bebender Stimme.

Du versuchst sie zu beruhigen.

»Das ist jetzt gerade nicht unser Problem. Darum kümmern wir uns, wenn wir wieder draußen sind.«

Aber deine Ruhe ist nur gespielt und insgeheim stellst du dir die gleiche Frage. Das alles gefällt dir ganz und gar nicht.

Gehe zurück zu 502

Mehrere Treppenstufen führen zu einer schweren Eisentür hinunter. Der Riegel ist mit einem dicken Vorhängeschloss gesichert, für das man eine Dreierkombination aus Zahlen braucht.

»Beeilt euch!«, stößt Karim atemlos hervor. »Lange halte ich nicht mehr durch.«

Das Licht der Lampen reicht kaum bis hierher, aber als du die Stufen genauer musterst, entdeckst du mehrere Fußabdrücke, in denen Zahlen stehen.

Was hat das nun wieder zu bedeuten? Vielleicht wirst du auch die anderen um Rat fragen müssen ...

6

Einen ersten Hinweis erhältst du von Karim,
einen zweiten von Yun,
die Erklärung von Bérénice
und die Lösung von Romain

Bérénice seufzt.

»Wenn du dir die Zahlen in den drei ersten Abdrücken ansiehst, sind das eine 6, eine 8 und eine 7. Die Reihenfolge soll man doch sicher einhalten, oder?«

Gehe zurück zu 448

Karim keucht und prustet, tief über den Fahrradlenker gebeugt. Sein Haar klebt ihm schweißnass an der Stirn.

»Ich könnte mir vorstellen, dass diese Zahlen irgendwie den Code für das Schloss ergeben, meinst du nicht?«

7

8

Gehe zurück zu 448

»Ich habs raus«, frohlockt Romain. »Der Code für das Schloss lautet **687**, oder nicht?«

Yun untersucht mit dir zusammen die Stufen.

»Wenn ich den Zettel an der Wand richtig verstanden habe, interessieren uns hier nur die ersten drei. Die anderen sind egal, oder nicht?«

Gehe zurück zu 448

458

Du gehst zum Schreibtisch und siehst dort mehrere Visitenkarten liegen:

Salvus
Sicherheitsdienst

Offenbar wurden hier mehrere Logos ausprobiert, immer in den Farben Schwarz, Weiß, Rot und immer mit der Othil-Rune als Hintergrund, die aber jedes Mal ein bisschen verfremdet wurde, um nicht allzu deutlich erkennbar zu sein. Karim nimmt eine der Karten auf.

»Offenbar haben die Typen von Othil nicht nur eine Untergrundgruppe gegründet, sondern auch einen privaten Sicherheitsdienst.«

Yun schaut ihm über die Schulter. »Salvus? Den Namen kenn ich doch. Ich glaube, die Schule will sogar einen Wachdienst-Vertrag mit ihnen abschließen. Ich war bei der Sitzung, wo es darum ging.«

Stand nicht auch ›Salvus‹ auf den Schließfächern, in denen während der Schulzeit immer eure Handys aufbewahrt werden? Romain hat offenbar den gleichen Gedanken, denn er ruft jetzt entsetzt: »Du meinst, diese gewalttätigen Spinner haben sich unter dem Deckmantel einer Sicherheitsfirma in die Schule eingeschlichen?«

Niemand antwortet. Alle befürchten das Schlimmste.

Gehe zurück zu 502

468

Du gehst zu der Toilette in der Ecke hinüber. Es ist eins von diesen alten ›Stehklos‹, die aus einem Emaillebecken mit zwei Abstellflächen für die Füße und einem oberhalb angebrachten Spülkasten bestehen. Das Ganze ist in einem erbärmlichen Zustand.

Obwohl du einen leichten Drang verspürst, wendest du dich angewidert ab.

Gehe zurück zu 502

478

Auf dem zweiten Tisch liegen verschiedene Pläne ausgebreitet. Yun mustert sie mit gerunzelter Stirn.

»Das hier ist ein Plan des Eiffelturms. Und das hier die Kanalisation von Paris. Und der Friedhof Père-Lachaise.«

»Keine Ahnung, was Othil damit vorhat, aber das Ganze wirkt jedenfalls ziemlich verdächtig ...«

Gehe zurück zu 502

Unter dem Zeitplan hängt ein Zettel an der Wand. Dort liest du:

»Folge den Stufen – die ersten drei Schritte führen dich zum Ziel.«

»Was soll das nun wieder heißen?«, beschwert sich Romain. »Diese Leute von Othil scheinen Rätsel zu mögen ...«

Gehe zurück zu 502

In der undurchdringlichen Dunkelheit überfällt dich wieder die Panik. Die Luft hier drin ist so verbraucht, dass du zu ersticken glaubst.

Romain hämmert wütend gegen die Tür.

»Aufmachen, ihr Mistkerle! Lasst uns hier raus!«

Du gehst nicht darauf ein.

»Und was machen wir jetzt?«

Du weißt nicht, wer das gefragt hat, aber es ärgert dich. Wie kommen die anderen darauf, dass du immer auf alles eine Antwort hast? Darfst du nicht auch mal Muffensausen haben?

Alle schweigen angespannt. Den Geräuschen nach zu urteilen, ist der Raum, in dem ihr eingeschlossen seid, nicht besonders klein. Es riecht nach Staub, Beton und rostigem Metall. Ganz anders als der Geruch nach Tod in den Katakomben.

Schließlich reißt du dich zusammen und machst tastend ein paar Schritte nach vorn. Dabei stößt du gegen einen großen, sperrigen Gegenstand, der aus Metall zu sein scheint.

»Was ist das?«, fragt Yun.

Du reibst dir das Schienbein. »Keine Ahnung, aber es ist auf jeden Fall hart. Haben wir irgendeine Möglichkeit, kurz mal Licht zu machen?«

»Mein Akku ist fast leer, aber für ein paar Sekunden müsste es noch reichen«, antwortet Karim.

Alle rufen erstaunt durcheinander. »Wieso hast du noch dein Handy, Karim?«

»Hast du das einfach nicht rausgerückt?«

»Super! Den Mut hätte ich nicht gehabt!«

»Zum Glück haben sie uns ja nicht durchsucht«, gibt Karim bescheiden zurück.

Ihr könnt also das Handy als Taschenlampe verwenden.

Karim schaltet seine Handylampe ein und in ihrem flackernden Licht erkennt ihr vage die Umrisse eines Fahrrads +11, mehrere Tische und Stühle, ein paar Kabel und Rohrleitungen. Doch schon nach wenigen Sekunden geht die Handylampe endgültig aus und Schwärze umfängt euch wieder.

Aber dir ist eine Idee gekommen ...

Du tastest dich bis zu dem Fahrrad vor und trittst in die Pedale. Es knirscht ganz entsetzlich und du schaffst nicht mal eine Umdrehung. Jemand muss dir helfen.

Bérénice steigt auf das Rad und stellt dann wütend fest: »Ich komm nicht mal an die Pedale dran!«

Gehe zurück zu 500

»Ich versuchs mal, ich hab längere Beine«, sagt Karim. Er steigt auf den Sattel und fängt an zu treten. Das gleiche Knirschen ertönt, doch diesmal scheint sich das Tretlager zu drehen. Jedenfalls hört es sich für dich so an.

Eine nach der anderen flackern die Lampen an der Decke auf. Du hattest recht. Mit diesem Rad kann man Strom erzeugen! Schon bald erhellt gelbliches Licht den Raum.

Ringsherum werden jetzt lauter Anzeigen, Messregler und ein alter Motor sichtbar. Sie sind durch Kupferrohre verbunden und mit schwarzen Plastikgriffen versehen.

»Sieht aus wie ein alter Luftschutzbunker«, sagt Yun erstaunt. »In den 1930er-Jahren hat man jede Menge von denen gebaut. Unter der Gare de l'Est gibt es auch noch einen, der vollständig erhalten ist.«

»Und warum ist dieser hier offenbar unbekannt?«, fragt Romain.

»Ich glaub, das waren einfach viel zu viele, die sind dann irgendwann in Vergessenheit geraten.«

»Nur nicht bei den Typen von Othil«, knurrt Bérénice.

Während die anderen noch so reden, siehst du dich schon mal genauer um.

Entdecke den Raum auf der folgenden Seite.

502
438
428
479
468
458
448
478

»Macht mal Platz!«

Romain steigt auf das Rad und ihr hört, wie er sich mit den Pedalen abmüht.

»Und?«, fragst du.

»Ich schaffs nicht«, bekennt Romain, völlig außer Atem. »Das geht superschwer und meine Beine sind zu kurz.«

Gehe zurück zu 500

Yun macht auch einen Versuch, das Rad in Gang zu setzen, gibt aber bald wieder auf.

»Die ganze Mechanik müsste mal geölt werden.« Doch leider habt ihr kein Öl zur Hand.

Gehe zurück zu 500

»Lammsam reichts!«, stöhnt Yun mit zugehaltener Nase. Der Gestank, der aus den Kanälen aufsteigt, ist einfach unerträglich.

Ihr macht euch auf den Weg, diesmal nur in einem schmalen Rinnsal. Jeder eurer Schritte produziert ein schmatzendes Geräusch, das im Tunnel widerhallt. Immer wieder müsst ihr Treppen hinauf- und wieder hinuntersteigen.

»Jetzt kraxeln wir hier schon seit Stunden herum«, keucht Bérénice. Sie ist die Kleinste und Jüngste. Kein Wunder, dass sie allmählich müde wird.

»Willst du kurz mal Pause machen?«

Doch für diesen Vorschlag erntest du nur einen finsteren Blick. »Nie im Leben!«

Jetzt überholt sie dich sogar, mit hochgerecktem Kinn, wie zum Beweis, dass sie kein bisschen erschöpft ist. Du folgst ihr achselzuckend.

Auch bei dir macht sich eine gewisse Ermüdung bemerkbar. Mit einer Wanderung durch die Abwasserkanäle hattest du nicht gerechnet. Der Uhr auf deinem Handy zufolge ist die Nacht längst hereingebrochen. Aber hier unten verliert man jedes Zeitgefühl.

»Da, vor dir!«, ruft Bérénice. »Pass auf!« Ein kniehoher Schutthaufen versperrt dir den Weg. Einige Ziegel sehen aus, als lägen sie noch nicht lange dort.

Wie gehst du weiter? Langsam oder schnell?

517

Vorsichtig kletterst du über den Schutthaufen hinweg. An der höchsten Stelle gerätst du plötzlich ins Rutschen und musst dich an der Wand abstützen. Doch die bricht unter deiner Hand einfach weg.

Sofort regnet es Steine auf dich hinunter. Du bleibst stehen, vor Angst wie gelähmt, bis ein besonders dicker Stein dich direkt am Kopf erwischt.

Gehe zu 36

Du machst einen eleganten Satz über den Haufen hinweg, und deine Gefährten folgen dir, aber schon gute fünfzig Meter weiter tut sich ein weiteres Loch in der Seitenwand auf. Wie's scheint, haben die Leute von Othil den Boden unter Paris in einen Schweizer Käse verwandelt. Die Wand ist mit großen Hammerschlägen aufgebrochen worden und auch hier ist der Schutthaufen aus rötlichem Ziegel einfach liegen geblieben.

»Ich schätze, hier müssen wir durch. Das scheint wieder so eine Abkürzung zu sein, die diese Typen für sich angelegt haben.«

Vorsichtig leuchtest du mit der Lampe in das Loch, aber es ist nichts zu sehen. So aufs Geratewohl kannst du da auf keinen Fall reinklettern. Hier könnt ihr eure Klettergurte wieder zum Einsatz bringen. Rasch legt ihr sie alle an. Du willst als gutes Beispiel vorangehen und dich als Erster abseilen.

Du musst jetzt sehr umsichtig vorgehen, das richtige Material einsetzen und dir helfen lassen.

»Hast du auch den Sitz deines Klettergurtes überprüft?«, fragt Romain und mustert dich besorgt.

Du hast deinen Klettergurt noch mal festgezurrt, aber beim Abseilen brauchst du natürlich Hilfe. Du wendest dich an den Kräftigsten unter euch.

Romain gibt ordentlich Seil und lässt dich nach unten sausen. Du bekommst es mit der Angst und rufst: »He, vorsichtig!«

Daraufhin seilt Romain dich etwas langsamer ab. Du kletterst einen Steilhang hinunter, der beinahe senkrecht abfällt. Das Seil ist straff gespannt und du gleitest immer tiefer, aber auch mit deiner Taschenlampe ist kein Ende abzusehen.

»Und?«, fragt Yun von oben. »Kommst du klar?«

Doch du bringst kein Wort heraus, die Angst schnürt dir die Kehle zu. Auf dem unebenen Felsabhang finden deine Füße kaum Halt. Dir zittern schon die Arme, und die Beine auch. Hättest du dich beim Sport mal ein bisschen mehr angestrengt!

Im nächsten Moment hörst du von oben einen Schrei. Die Stimme von Romain:

»Aua! Ich verbrenn mir die Hände!«

Dir wird klar, dass er das Seil vielleicht jeden Moment loslässt. Welcher Gegenstand kann dich jetzt noch retten?

547

Im letzten Moment kriegst du deinen Schraubenzieher zu packen, als Romain auch schon ein weiteres Mal aufschreit und dich ins Leere fallen lässt. Dank deiner hervorragenden Reflexe gelingt es dir jedoch, dein Werkzeug in den brüchigen Felsen zu rammen.

»Alles okay da unten?«, ruft Bérénice. Zum ersten Mal verrät ihre Stimme eine gewisse Besorgnis.

»Ja, alles gut!«

Beim Sturz ist dir die Taschenlampe runtergefallen, zum Glück aber heil geblieben, denn ein paar Meter tiefer siehst du sie leuchten.

Mithilfe des Schraubenziehers arbeitest du dich langsam weiter nach unten, aber schon bald hast du keine Kraft mehr in den Händen.

Das letzte Stück lässt du dich einfach fallen.

Du kommst auf dem Boden auf. Er scheint mit irgendwelchem Geäst bedeckt, das knackend unter deinem Gewicht zerbricht. Mit Entsetzen wird dir klar, dass das keine Zweige, sondern Knochen sind!

Gehe zu 300

548

Du holst dein Sandwich hervor und beißt hinein, als wäre es deine Henkersmahlzeit. Es schmeckt ziemlich komisch, weil die Plastiktüte noch drum ist.

Währenddessen schrammst du mehrere Meter über den rauen Fels und landest unten auf einem Haufen Knochen, die krachend unter dir zerbrechen. Leider brechen sie nicht als einzige: Dein Oberschenkel tut das auch.

Ein unerträglicher Schmerz durchfährt dich und du brüllst zu deinen Freunden hinauf:

»Ich kann nicht mehr laufen! Ihr müsst Hilfe holen!«

Gehe zu 666

575

Mit einiger Mühe kehrt ihr zum Gasometer zurück. Zum Glück hat eins eurer Handys hier genügend Empfang, um den Rettungsdienst zu rufen.

Die Sanitäter legen Yun auf eine Trage, bringen sie an die frische Luft und dann ins Krankenhaus.

Die Helligkeit draußen blendet dich, aber als du die Augen wieder öffnen kannst, begegnest du den enttäuschten Blicken deiner Freunde und den verärgerten Mienen deiner Eltern und Lehrer.

FÜR EUCH IST DAS ABENTEUER HIER ZU ENDE.

666

Es dauert nicht lange, bis die Rettungskräfte eintreffen. Sie legen dich auf eine Trage und schaffen dich aus dem Untergrund wieder an die Oberfläche. Das Tageslicht draußen blendet dich, aber sobald sich deine Augen an die Helligkeit gewöhnt haben, begegnest du den enttäuschten Blicken deiner Freunde und den verärgerten Mienen deiner Eltern und Lehrer.

FÜR EUCH IST DAS ABENTEUER HIER ZU ENDE.

667

Geschlossen fahren die Escape-Geeks herum. Vor euch steht ein riesenhafter Kerl mit Glatze. Das muss der Typ sein, der vorhin so barsch gesprochen hat. Er trägt eine Bomberjacke, aber vor allem hält er einen Revolver auf euch gerichtet.

Dir stellen sich die Nackenhaare auf. Diesmal seid ihr geliefert.

»Jean-Lin wollte mir ja nicht glauben, dass sich jemand in unser kleines Reich eingeschlichen hat ...«

Eine zweite Gestalt zeichnet sich hinter der ersten ab. Sie gehört zu einem kleineren Mann, mit kurzen, straff gescheitelten Haaren. Der Blick aus seinen eisblauen Augen macht dir Angst.

»Du sollst doch nicht unsere Namen nennen«, merkt er mit schleppender Stimme an. »Jetzt können wir sie nicht mehr laufen lassen, Jordan ...«

»Wir sind nur Katakomben-Fans, die sich hier verlaufen haben«, beteuert Bérénice. »Wir wollen einfach nur nach Hause ...«

Mit einer Geste, als würde er nur kurz eine Fliege verscheuchen, schlägt ihr der Typ namens Jordan mit der Hand, die den Revolver hält, ins Gesicht. Bérénice stöhnt laut auf und sackt in sich zusammen.

Romain macht drohend einen Schritt nach vorn. Er wiegt zwar fast dreißig Kilo weniger als dieser Rohling, scheint aber trotzdem bereit, sich mit ihm anzulegen. Hastig gehst du dazwischen.

»Jetzt mal alle ganz ruhig! Warum schlagen Sie uns? Wir sind doch gar keine Gefahr für Sie?«

»Ihr solltet auf euren Kumpel hören«, sagt der Typ

namens Jean-Lin anerkennend. »Der ist offenbar ein bisschen schlauer als ihr. Leider haben wir aber längst entdeckt, dass jemand den Computer eingeschaltet und die Disketten eingelegt hat. Und dass ihr es bis hierher geschafft habt, ist der endgültige Beweis dafür, dass ihr unser kleines Geheimnis entdeckt habt. Das können wir euch nicht durchgehen lassen.«

Jordan wedelt mit dem Revolver.

»Her mit euren Handys.«

»Hier unten hat man doch eh keinen Empfang!«

Aber Jordan bleibt dabei, und die Geräte beulen ihm die Taschen seiner Tarnhose aus.

»Auf gehts! Hier entlang, und kommt bloß nicht auf dumme Gedanken.«

»Muss das sein, diese Verbrecher-Sprüche wie aus einem schlechten Film?«, fragt Bérénice.

Karim hat ihr vom Boden hochgeholfen, und jetzt funkelt sie die beiden Männer wütend an. Du hast Angst, dass sie sich gleich den nächsten Schlag einfängt, aber Jean-Lin lacht nur spöttisch.

»Nicht wir sind hier die Verbrecher, sondern ihr! *Ihr* seid schließlich in unser kleines Reich eingebrochen!«

Erbarmungslos treibt euch Jordan mit seiner Waffe vor sich her. Lange Zeit marschiert ihr durch einen Stollen nach dem anderen. Jean-Lin hat dir die Taschenlampe abgenommen, und so kannst du nicht mehr viel erkennen.

Fast so, als hätte man dir die Augen verbunden. Schon nach ein paar Hundert Metern hast du jede Orientierung verloren.

»Und Gilbert?« Bérénice kann es nicht lassen. »War der auch ein Verbrecher?«

Auch diesmal scheint Jean-Lin, entgegen deinen Befürchtungen, ihr den Einwand nicht übel zu nehmen.

»Gilbert war ein Verräter. Und Verräter müssen bestraft werden, sonst wird das Reich geschwächt und stirbt ...«

Immer weiter lauft ihr durch Tunnel und Stollen. Du hast Angst, aber die Tatsache, dass sie euch nicht sofort umgebracht haben, beruhigt dich ein bisschen. Offenbar haben sie andere Pläne mit euch.

Auf den zweiten Blick kommt dir dieser Gedanke aber noch schlimmer vor. Vielleicht werden sie euch verhören, womöglich sogar foltern, um herauszubekommen, was ihr wisst! Solchen Typen ist alles zuzutrauen. Anscheinend haben sie ja sogar einen der Ihren einfach umgebracht!

Diese düsteren Gedanken lassen dich jetzt nicht mehr los, und leider versäumst du es, dir den Weg zu merken.

Irgendwann steigt ihr eine endlos lange Treppe hinunter. Du zählst fast hundert Stufen. Wo bringen sie euch nur hin? Und wie sollt ihr aus diesem Labyrinth von Gängen jemals wieder herausfinden?

Selbst Bérénice wagt es inzwischen nicht mehr, den Mund aufzumachen. Nur eure Schritte sind noch zu hören und Jordans geknurrte Anweisungen, mit denen er euch vor sich hertreibt.

Am Fuß der Treppe steht ihr dann vor einer mächtigen Tür aus gehärtetem Stahl.

Ihr öffnet sie und tretet ein. Drinnen herrscht tiefste Dunkelheit.

Mit einem Unheil verkündenden Krachen fällt hinter euch die Tür ins Schloss. Ihr seid gefangen!

Gehe zu 480

Die Tür schwingt auf und gleißendes Licht empfängt euch, das Tausende von Skeletten beleuchtet. Ihr seid frei! Besorgt wirfst du einen Blick durch die Tür zurück.

Niemand zu sehen. Die Typen von Othil haben ihre Niederlage offenbar erkannt und kehrtgemacht. Erleichtert fallt ihr euch in die Arme. »Wir sind wirklich draußen!«, jubelt Karim. »Ehrlich gesagt habe ich schon nicht mehr daran geglaubt ...«

»Na, dann musst du beim nächsten Abenteuer vielleicht nicht mehr ständig wie Espenlaub zittern«, spottet Bérénice.

Du verteidigst Karim. »Ohne seine langen Beine säßen wir jetzt noch im Bunker fest.«

»Und ohne mein Sandwich säße Gilbert immer noch in seinem Verlies«, mischt Romain sich ein.

»Apropos: Wo ist er eigentlich?«, fragt Yun.

Erst jetzt bemerkt ihr, dass Gilbert bewusstlos am Boden liegt. Wieder gefriert dir das Blut in den Adern.

»Schnell, du musst einen Krankenwagen rufen!«, drängt Bérénice.

Kennst du die Nummer? Dann kannst du sie sofort eintippen. Oder du fragst Bérénice.

»Kennst du die nicht?«, fragt Bérénice verwundert. »Hier in Frankreich kann man die **15** anrufen. Oder europaweit die **112**.«

678

»Ein Schritt vor und zwei zurück«, stöhnt Karim auf seinem Rad. »So kommen wir nicht weiter.«

Gehe zurück zu 448

Die Zahlenrädchen drehen sich unter deinen Fingern. Und tatsächlich: Diesmal springt der metallene Bügel mit einem leisen Klicken auf. Alle halten die Luft an.

Das Licht flackert und erlischt.

»Was ist denn jetzt los?«

Karims matte Stimme ertönt.

»Tut mir leid, ich musste kurz mal Pause machen.«

Das Knirschen des Tretlagers setzt wieder ein und sofort wird es hell. Erleichtert atmest du tief ein und drückst dann die schwere Stahltür auf. Sie ist mit einem Rad versehen, wie die Druckschleusen eines U-Bootes.

Ein Luftzug dringt durch den schmalen Spalt und mit ihm ein fast unerträglicher Gestank.

»Oh Gott, wie das stinkt!« Yun hält sich die Nase zu.

»Die scheinen mit dem Saubermachen nicht so ganz hinterherzukommen ...«

Du nimmst deinen Mut zusammen und machst einen Schritt in den stockfinsteren Raum. Der Gestank hier drin ist schwer zu beschreiben, aber er erinnert dich an einen Löwenkäfig im Zoo. Du atmest möglichst flach und gehst noch bis zum Ende des Lichtkegels weiter, der durch die geöffnete Tür fällt. Romain bleibt dicht neben dir, die Kiefer zusammengepresst.

In diesem Raum gibt es nur kahle Wände. Keine Möbel, keine Rohre oder Leitungen. Dafür ein merkwürdiges Loch im Boden, etwas größer als ein Abwasserschacht. Aus seiner Tiefe dringt wütendes Fauchen herauf.

Dein Herz setzt einen Schlag lang aus. Was werdet ihr dort unten finden? Welche Teufelei haben diese Irren von Othil hier ausgeheckt? Du hast den Eindruck, gerade ihr schrecklichstes Geheimnis zu lüften. Dein Magen zieht sich schmerzhaft zusammen.

»Was war das eben?«, fragt Bérénice.

»Klang wie ein Tier, oder?«, sagt Romain.

»Oder einfach nur Wasserrauschen?«, vermutet Yun, klingt aber selbst nicht überzeugt.

Du gehst auf das Loch im Boden zu. Der abscheuliche Gestank kommt eindeutig von dort. Vorsichtig wirfst du einen Blick hinein und zuckst entsetzt zurück.

»Was hast du gesehen?«, fragt Bérénice.

»Ich weiß nicht ...«

Du kannst kaum begreifen, was deine Augen dort unten erblickt haben. Eine dunkle, struppige, bebende Masse.

»Vielleicht ist das ja ein Hund, den sie sich für verbotene Hundekämpfe halten«, sagt Yun. »Fall da bloß nicht rein.«

Wie zur Antwort stößt das haarige Wesen ein Knurren aus. Das gleich darauf zu einem ohrenbetäubenden Geheul anschwillt. Entsetzt machst du kehrt, nur weg von diesem verfluchten Ort, aber Romain packt dich am Arm.

»Warte mal, ich glaub, ich hör da was ...«

Du lauschst ebenfalls. Nein, das klingt nicht nach dem Schrei eines verletzten Tiers.

»Louis!«, brüllt die Stimme. »Louis!«

»So heißt doch einer dieser Typen von Othil!«, rufst du, in Gedanken die Liste aus dem Bunkerraum vor Augen. »Wie kann das sein?«

Die Wahrheit fällt dir wie Schuppen von den Augen. In dem Loch da unten ist ein Mensch gefangen!

»Das ist Gilbert!«

»Was?«

»Gilbert sitzt da unten im Verlies. Othil hat ihn nicht umgebracht, sondern hält ihn hier gefangen. Deshalb kommen sie hier regelmäßig vorbei: um ihn zu versorgen.«

»Seit dreißig Jahren?« Romain ist fassungslos.

»Habt ihr was gefunden?«, ruft Karim von seinem Fahrrad aus.

Niemand wagt es, ihm zu antworten. Eigentlich solltest du dich freuen, dass Gilbert noch lebt, aber dieser Zombie macht dir eher Angst.

Während du noch nachdenkst, geht Yun aus dem Raum, um Karim die Lage zu erklären. Sicher auch deshalb, weil sie den Gestank nicht länger erträgt. Doch schon nach wenigen Sekunden ist sie wieder zurück.

»Karim meint, wir müssen ihn da rausholen.« Sie unterdrückt einen Schauer.

»Leichter gesagt als getan ... Ich steig da jedenfalls bestimmt nicht runter.«

Du beugst dich erneut über das Loch.

»Sind Sie Gilbert? Wir wollen Ihnen helfen!«

Keine Antwort.

Gerade willst du dich wieder zurückziehen, als Gilbert doch noch die Stimme erhebt.

»Du bist nicht Louis?«

Er klingt wirklich wie ein Geist.

»Nein, von Othil ist niemand hier. Wir sind Schüler

der Gustave-Caillebotte-Oberschule. Ich heiße Alex, und bei mir sind noch Bérénice und Romain und Yun und Karim.«

»Wir sind die Escape-Geeks«, fügt Romain hinzu.

»Das interessiert doch jetzt wirklich niemanden«, seufzt Bérénice.

»Er muss doch wissen, mit wem er es zu tun hat!«

Du verdrehst die Augen.

»Also gut, wir müssen ihn da rausholen. Mal sehen, was noch an Ausrüstung übrig ist ...«

694

»Soll er vielleicht an deinem Schraubenzieher aus dem Loch klettern?«, spottet Bérénice und verdreht die Augen. »Könnte schwierig werden.«

Gehe zurück zu 687

695

»Oh ja, der hat bestimmt einen Riesenhunger.« Romain nickt, als du dein Sandwich hervorholst. »Dem Zeitplan zufolge waren die Leute von Othil schon über eine Woche nicht mehr hier. Aber ich fürchte, wenn du ihm das Sandwich runterwirfst, wird er es in der Brühe da unten gar nicht finden.«

Gehe zurück zu 687

Du holst deinen Klettergurt hervor, der noch als einziger übrig ist, und lässt ihn zu Gilbert hinunter. Du hörst das Klickern der Karabiner, als er versucht, ihn anzulegen.

»Ich schaff das nicht«, ruft er nach kurzer Zeit zu euch rauf. »Ich hab überhaupt keine Kraft in den Händen.«

»Er ist zu sehr geschwächt«, sagt Bérénice. »Wir müssen uns irgendwas anderes überlegen ...«

708

»Jetzt pack doch endlich diesen Schraubenzieher weg!«, ereifert sich Yun.

Gehe zurück zu 701

»Willst du jetzt etwa was essen?«, fragt Romain mit einem neidischen Blick auf dein Sandwich.

»Nein, pass auf.«

Du ziehst den Gurt wieder hoch, hakst die Tüte mit dem Sandwich an einem der Karabiner fest und lässt dann alles wieder zu Gilbert hinunter.

Gleich darauf spürst du einen Zug am Seil, wie ein Fisch an der Angel. Gilbert löst die Tüte vom Karabiner, öffnet sie und macht sich gierig über ihren Inhalt her.

»Jetzt gehts mir besser«, ruft er euch zu. »Ich hatte schon seit Tagen nichts mehr gegessen.«

Und so gelingt es ihm dann auch nach ein paar Minuten, sich den Klettergurt umzuschnallen.

»O. k., ich hol ihn jetzt rauf.«

Du ziehst am Seil, aber es rührt sich nicht. Allein hast du nicht genügend Kraft. Du wirst Hilfe brauchen.

710

»Ich helfe gern«, sagt Bérénice, »aber vielleicht ist ein anderer Geek geeigneter als ich, meinst du nicht auch?«

Gehe zurück zu 709

711

»Wie soll ich denn in die Pedale treten und dir gleichzeitig beim Ziehen helfen?«, ruft Karim ärgerlich aus dem anderen Raum.

Gehe zurück zu 709

Romain lässt seine Muskeln spielen und packt dann mit dir an. Aber sosehr er auch zieht und so rot er auch anläuft, es führt zu nichts.

Unwillig gibt er schließlich auf.

»Wieso ist der bloß so schwer?«

»Vielleicht hilft es, wenn wir beide auch noch mit anfassen?«, fragt Yun, an Bérénice gewandt.

713

Yun zieht am Seil, doch es tut sich nichts. Ihre Arme zittern vor Anstrengung und ihr Gesicht läuft rot an.

»Tut mir leid«, sagt sie schließlich achselzuckend.

Gehe zurück zu 709

717

Yun und Bérénice kommen dir und Romain zu Hilfe. Aber auch zu viert gelingt es euch nicht, den Gefangenen aus seinem Verlies zu hieven. Sosehr ihr euch auch anstrengt, ihr kriegt sein Gewicht keinen Millimeter gehoben.

»Karim! Komm und hilf uns!«

»Ich kann nicht, ich muss treten!«

Du weißt nicht mehr, was du machen sollst. Wenn Karim euch hilft, müsst ihr im Dunkeln arbeiten. Oder hilft euch vielleicht ein Gegenstand im Bunker?

Du bittest Karim, euch zu helfen, aber sobald er vom Fahrrad steigt, wird es dunkel. Mühsam tastet er sich voran, läuft gegen Wände und stolpert auf der Treppe.

»Folge unseren Stimmen!«, rufst du ihm zu.

»Aber so finde ich doch nie mehr zum Fahrrad zurück?«, jammert Karim.

Du zögerst. Sollst du ihn lieber zurückschicken? Oder soll er euch beim Ziehen helfen?

Soll er lieber wieder umkehren, dann gehe zurück zu 717

Soll er euch helfen, dann gehe zu 753

Dir ist plötzlich eine super Idee gekommen: »Wie wärs, wenn wir das Fahrrad quasi als Seilwinde nutzen?«

Yun nickt eifrig. Ihre Miene hellt sich auf.

»Das sollte klappen! Wir binden einfach das andere Ende des Kletterseils an den Pedalen fest und ziehen dann mit seiner Hilfe Gilbert im Klettergurt nach oben.«

Du bindest das Seil so an den Pedalen fest, dass es bei jeder Umdrehung aufgewickelt wird.

Karim nimmt seinen Platz auf dem Sattel ein und fängt an zu treten. Während sich das Seil langsam strafft, gehst du zu den anderen dreien zurück, um ihnen beim Ziehen zu helfen. Das Licht ist schwach und flackert, erlischt aber nicht. Das Fahrrad ächzt und knarrt unter seiner Last.

Endlich spürt ihr, zu eurer großen Erleichterung, wie sich Gilbert mit einem Ruck vom Boden löst. Zu fünft habt ihr es schließlich geschafft. Hand um Hand zieht ihr das Seil zu euch rauf. Es schabt über den Rand des Lochs.

»Nicht nachlassen!«

Zentimeter für Zentimeter taucht Gilbert über der Kante auf, bis er sich schließlich auf den Rand ziehen kann und erschöpft zusammenbricht. Er ist völlig verwahrlost, das Haar verfilzt, die Kleidung verdreckt.

»Schnell, wir müssen das Seil von den Pedalen lösen, damit wir wieder mehr Licht und Sauerstoff bekommen!«

Yun und Bérénice laufen los, während du, zusammen mit Romain, Gilbert beim Aufstehen hilfst. Überrascht stellst du fest, dass der Gefangene gar nicht abgemagert, sondern eher übergewichtig ist. Nahrung hatte er offenbar genug, in seinem Verlies aber natürlich fast keine Bewegung.

»Können Sie laufen?«

Gilbert nickt. Ein Bart überwuchert sein ganzes Gesicht, und trotz des schwachen Lichts kneift er die Augen zusammen. Bei jeder Bewegung verströmt er einen pestartigen Geruch. Seine letzte Dusche ist wohl schon länger her.

»Sollte ich schaffen. Solange ich nicht rennen muss.«

Es wird Zeit, von hier zu verschwinden. Aber wie? Der einzige Ausgang ist eure Eingangstür, doch die besteht aus gehärtetem Stahl. Allerdings wird sie, wie ihr jetzt erst feststellt, nur von einem Zahlencode gesichert. Der muss doch zu knacken sein ...

742

Einen ersten Hinweis erhältst du von Karim,
einen zweiten von Romain,
die Erklärung von Bérénice
und die Lösung von Yun

743

»Das ergibt dann also 4 × 2 = **8**; 7 = 6 + **1**; 2 – 2 = **0**«, erklärt Bérénice bescheiden.

Gehe zu 810

744

»Ist ja komisch«, sagt Karim. »Diese Ritzen auf den Schraubenköpfen sehen doch aus wie arithmetische Zeichen: +, –, ×, =.«

Gehe zurück zu 742

745

»Diese Gleichungen muss man jetzt einfach nur ausrechnen«, vermutet Romain. »Und dann ist der Schraubenzieher dran.«

Gehe zurück zu 742

746

»Hier kannst du den Schraubenzieher mal sinnvoll einsetzen«, ruft dir Yun in Erinnerung. »Zähl ihn zum Ergebnis dazu.«

Gehe zurück zu 742

753

Es dauert mehrere Minuten, bis Karim sich in der Dunkelheit zu euch vorgekämpft hat.

Wie die Verrückten zieht ihr am Seil. Aber nichts zu machen. Ihr bräuchtet eine Winde oder einen Flaschenzug ...

Allmählich wird auch der Sauerstoff knapp – sicher ein weiterer Grund, warum Othil jede Woche vorbeikommen musste: um für Luftaustausch zu sorgen. Ein bisschen Frischluft strömt durch die offene Tür, aber längst nicht genug. Was wohl auch zu Gilberts Schwäche beiträgt. Für ihn allein reicht der Sauerstoff eine ganze Woche lang, aber zu sechst sieht die Sache schon anders aus.

Dir wird schwindelig und du kannst kaum noch denken. Angst steigt in dir auf. Du weißt, dass du keine Chance hast, das Fahrrad in dieser Dunkelheit zu finden, bevor du ohnmächtig wirst. Und selbst wenn, hättest du keine Kraft mehr zum Treten.

Ihr könnt nur noch darauf hoffen, dass euch jemand hier unten findet, bevor ihr alle zusammen erstickt.

FÜR EUCH IST DAS ABENTEUER HIER ZU ENDE.

789

»Bist du bald fertig mit diesem Hin und Her?«, fragt Bérénice.

Gehe zurück zu 448

798

»Ein kleiner Schritt für einen Menschen, aber ein großer Schritt für die Menschheit«, spottet Romain.

Gehe zurück zu 448

Doch ganz so leicht lässt die Tür sich nicht öffnen. Vorher muss man noch die Platte abschrauben.

817

Endlich hast du die letzte Schraube gelöst und kannst die Platte abnehmen, damit die Rädchen etwas mehr Spiel bekommen. Jetzt lässt der Code sich mühelos eingeben und die Tür schwingt auf. Bleibt nur noch, den Weg aus den Katakomben zu finden.

Gierig saugst du die frische Luft ein und merkst erst jetzt, wie sehr euch der Sauerstoff dort drinnen gefehlt hat. Zum Glück wartet niemand hinter der Tür, Jordan und Jean-Lin sind nirgends zu sehen.

Karim schaltet sein Handy ein.

»Nur noch drei Prozent Akku«, jammert er. »Wir müssen uns beeilen. Ich mach nur den Bildschirm an, dann hält es länger.«

Das Licht reicht gerade so aus, um ein paar Umrisse zu erkennen, wie bei der Notbeleuchtung im Kino, aber immer noch besser als nichts.

Gilbert kann kaum laufen. Zusammen mit Romain hilfst du ihm die endlose Treppe hinauf. Doch obwohl er bei jeder Stufe nach Luft schnappen muss, kann er nicht aufhören zu reden.

»Ihr geht also alle auf die Gustave Caillebotte? Auf der war ich damals auch. Irgendwann haben wir diesen Kellerraum entdeckt und uns dort getroffen, um die Schule zu schwänzen. Aber Louis kam dann plötzlich mit Ideen, die mir Angst gemacht haben. Wollte mit uns einen Bund eingehen, mit Runen und Magie und dem ganzen Quatsch. Ich wollte das nicht, aber ...«

Er unterbricht sich.

»Ihr seid doch wirklich da, oder? Ich hab mir nämlich angewöhnt, mit mir selbst zu sprechen, wenn mir nicht gerade jemand was zu essen bringt. Genau genommen konnte ich erst glauben, dass es euch gibt, als ich in dieses Sandwich gebissen habe. Was war da eigentlich drauf?«

»Geriebene Möhren, geräucherter Tofu und Hummus«, antwortet Romain. »Eigene Kreation.«

»Sehr lecker ... Ich hab die andern gewarnt, dass Louis langsam abdreht. Er war völlig von Merlin, dem Zauberer, fasziniert. Er wollte so eine Art Sekte gründen, hat von einem Feenkreis gesprochen. Von den magischen Kräften, die den Sehenswürdigkeiten von Paris angeblich innewohnen. Alle haben mitgemacht. Ich auch, weil ich Angst vor ihm hatte. Aber als sie dann sogar vorhatten, Leute anzugreifen und zu verletzen, hat es mir gereicht. Ich wollte sie bei der Polizei anzeigen, aber Louis ist mir auf die Schliche gekommen. Hat mir vorgemacht, sie würden jeder Gewalt abschwören. Aber als wir das nächste Mal in unserem Versammlungsraum waren, haben sie mich einfach in den Bunker gesperrt.«

Bérénice wendet sich zu euch um.

»Wir sollten jetzt lieber leise sein – wer weiß, ob sich die Typen nicht noch irgendwo hier rumtreiben.«

»Außerdem«, ergänzt Yun, »habe ich keine Ahnung, wo's langgeht. Wie kommen wir hier raus?«

»Ich weiß es«, stößt Karim hervor. Keuchend bleibt er auf dem Treppenabsatz stehen, die Hände auf die Knie gestützt.

»Uff! Das Treten hat mich echt geschafft ...«

Als er wieder bei Atem ist, fügt er hinzu:

»Wir sind hier ganz in der Nähe der öffentlichen Katakomben. Es ist fast schon neun Uhr früh, wir haben die ganze Nacht hier unten verbracht, das heißt, die machen bestimmt bald auf.«

»Wir müssen also gar nicht den ganzen Weg wieder zurücklaufen?«, freut sich Bérénice.

»Genau.« Karim nickt. Er richtet sich wieder zu seiner vollen Größe auf. »Mein Besuch in den Katakomben ist erst ein paar Monate her, vielleicht kann ich mich noch an den Weg erinnern.«

»Ich war auch schon mal hier unten«, meldet Yun sich zu Wort. »Gemeinsam werden wir den Weg schon finden.«

Währenddessen hilfst du Gilbert die letzten Stufen hinauf. In den letzten Minuten bist du kaum zum Nachdenken gekommen, aber du hoffst immer noch, dass ihr euch alle sechs retten könnt, wenn ihr nur schnell genug seid.

Ihr folgt weiter dem Gang. Yun und Karim laufen ein Stück voraus, um den Weg zu erkunden. An der nächsten Kreuzung empfangen sie euch mit einem Lächeln.

»Hier sind wir richtig! Ganz in der Nähe muss der Eingang sein. Immer nur diesen Stollen entlang.«

Plötzlich bebt der Boden unter euren Füßen.

»Das ist die Metro!«, erklärt Yun. »Gleich nebenan ist die Haltestelle Denfert-Rochereau! Jetzt ist es nicht mehr weit.« Tatsächlich hört das Beben im nächsten Moment auf: Die Metro hat offenbar angehalten. Hoffnung erfasst die Escape-Geeks. Endlich Licht am Ende des Tunnels.

Unverdrossen lauft ihr weiter, bis in einem Gang zu eurer Rechten plötzlich ein heller Fleck auftaucht.

»Das muss der Ausgang sein!«, ruft Bérénice.

»Nein, es bewegt sich …«

»Das sind sie!«, stammelt Gilbert entsetzt. »Sie haben mich gefunden!«

Trotz seiner Erschöpfung fängt er an zu rennen. Die Angst verleiht ihm Flügel.

Folgst du ihm vorsichtig? Oder lieber schnell?

822

Mit bedächtigen Schritten läufst du Gilbert hinterher. Das ist gut, denn so kannst du dir nicht den Knöchel verstauchen. Dafür spürst du schon nach kurzer Zeit, wie sich ein harter, metallischer Gegenstand in deinen Rücken bohrt.

Gehe zu 88

Die anderen Geeks auf deinen Fersen, stürmst du hinter Gilbert her.

Zum Glück ist das hier schon der öffentliche Teil der Katakomben, sodass ihr kaum auf Hindernisse stoßt.

Eure Verfolger feuern einen Schuss auf euch ab. Du hörst, wie die Kugel hinter dir in die Wand einschlägt. Noch beeindruckender ist allerdings die Stichflamme, die den Gang für einen winzigen Moment taghell erleuchtet. Dir wird kalt vor Angst.

Der arme Gilbert ist schon völlig außer Atem. In diesem Tempo werdet ihr die Typen niemals abschütteln. Ihr müsst sie irgendwie aufhalten. Fieberhaft suchst du nach einer Lösung: Zwei von euch müssen Gilbert begleiten, die andern drei euren Verfolgern auflauern.

Als ihr an einer dunklen Nische vorbeikommt, glaubst du, den richtigen Ort gefunden zu haben. Du holst den Schraubenzieher hervor.

»Ich hab einen Plan: Drei von euch bleiben hier, um die Othil-Typen aufzuhalten, die anderen laufen weiter zum Ausgang. Der Erste passt auf, wann sie kommen, der Zweite entwaffnet Jordan mit dem Schraubenzieher und der Dritte führt euch zum Ausgang, wo wir auf euch warten.«

Bestimme drei deiner Gefährten in der Reihenfolge, die dir am sinnvollsten erscheint. Gehe dann zu der Etappe, die sich durch die Aneinanderreihung ihrer Zählwerte ergibt.

876

»Nahe dran, aber die Reihenfolge stimmt noch nicht«, murmelt Bérénice.

Gehe zurück zu 448

897

»Ich glaube, du bist auf dem richtigen Weg«, sagt Romain nachdenklich. »Versuchs noch mal mit einer anderen Kombination.«

Gehe zurück zu 448

987

»Hör auf, das bringt doch alles nichts! Das sind die letzten Schritte, nicht die ersten!«, ruft Yun ungeduldig.

Ihr Ärger überrascht dich. Sonst ist sie immer so ausgeglichen.

»Entschuldige«, fügt sie auch gleich hinzu. »War blöd, gleich so auszurasten.«

»Im Gegenteil, das kam jetzt ganz genau richtig«, beruhigst du sie. »Ich versuchs noch mal ...«

Gehe zurück zu 448

© privat

Fabien Clavel wurde 1978 in Paris geboren. Seine Leidenschaft gilt der Mythologie, was unter anderem dazu führte, dass er heute Latein und Französisch unterrichtet. Daneben schreibt er seit 2002 Fantasy-Romane, seit 2007 auch für Jugendliche. Zudem spielt er gern Gesellschaftsspiele.

© privat

Annette von der Weppen (geb. 1966) hat Germanistik, Anglistik und Romanistik studiert und ist seit 1999 als freiberufliche Literaturübersetzerin aus dem Englischen und Französischen tätig. Ihre besondere Vorliebe gilt dabei der Übersetzung von Kinder- und Jugendliteratur sowie von Comics. Sie lebt mit ihrer Familie in Berlin.